CATALOGUE

DES

LIVRES ANCIENS

POUR LA PLUPART RARES ET CURIEUX

PRINCIPALEMENT SUR L'AMÉRIQUE

COMPOSANT

LA LIBRAIRIE TROSS

VENDUE PAR SUITE DU DÉCÈS DE M. **Edwin Tross**

DEUXIÈME PARTIE

DONT LA VENTE AURA LIEU

Le lundi 24 janvier 1876 et jours suivants à sept heures du soir

Rue des Bons-Enfants, 28, salle Silvestre

Numéro 1

Par le ministère de Me MAURICE DELESTRE, commissaire-priseur
Successeur de Me DELBERGUE-CORMONT
Rue Drouot, 23

PARIS

AD. LABITTE, LIBRAIRE
4, RUE DE LILLE

LIBRAIRIE TROSS
5, RUE NEUVE-DES-PETITS-CHAMPS.

1876

VENTE EN FÉVRIER 1876.

Livres en nombre, faisant partie de la librairie TROSS.

Paris. — Imprimerie Georges Chamerot, rue des Saints-Pères, 19.

CATALOGUE

DES

LIVRES ANCIENS

LA PLUPART RARES ET CURIEUX

PRINCIPALEMENT SUR L'AMÉRIQUE

COMPOSANT

LA LIBRAIRIE TROSS

VENDUE PAR SUITE DU DÉCÈS DE M. **EDWIN TROSS,**

ORDRE DES VACATIONS.

Première vacation. — *Lundi 24 janvier 1876.*

N°s 1 à 164

Deuxième vacation. — *Mardi 25 janvier.*

165 à 340

Troisième vacation. — *Mercredi 26 janvier.*

341 à 506

Quatrième vacation. — *Jeudi 27 janvier.*

507 à 642 (moins 595, 617 et 618)

Cinquième vacation. — *Vendredi 28 janvier.*

643 à 777

Tacite.............	767
Virgile.............	774
Plan de Ducerceau...	595
Bible de 1465.......	618
Bible manuscrite....	617

CONDITIONS DE LA VENTE.

La vente se fera au comptant, 5 % en sus des enchères.

Il y aura, chaque jour de vente, de deux à quatre heures, exposition des livres composant la vacation du soir.

Les réclamations devront être faites au plus tard dans les vingt-quatre heures qui suivront la vacation. Passé ce délai, les articles adjugés ne seront repris pour aucune cause.

Le libraire chargé de la vente et M. Herman Tross rempliront les commissions des personnes qui ne pourraient y assister.

Paris. — Typographie Georges Chamerot, rue des Saints-Pères, 19.

CATALOGUE

DES

LIVRES ANCIENS

POUR LA PLUPART RARES ET CURIEUX

PRINCIPALEMENT SUR L'AMÉRIQUE

COMPOSANT

LA LIBRAIRIE TROSS

VENDUE PAR SUITE DU DÉCÈS DE M. **Edwin Tross**

DEUXIÈME PARTIE

DONT LA VENTE AURA LIEU

Le lundi 24 janvier 1876 et jours suivants à sept heures du soir

Rue des Bons-Enfants, 28, salle Silvestre

Numéro 1

Par le ministère de Me MAURICE DELESTRE, commissaire-priseur

Successeur de Me DELBERGUE-CORMONT

Rue Drouot, 23

PARIS

AD. LABITTE, LIBRAIRE
4, RUE DE LILLE

LIBRAIRIE TROSS
5, RUE NEUVE-DES-PETITS-CHAMPS.

1876

CATALOGUE

DES

LIVRES ANCIENS

LA PLUPART RARES ET CURIEUX

PRINCIPALEMENT SUR L'AMÉRIQUE

COMPOSANT

LA LIBRAIRIE TROSS

VENDUE PAR SUITE DU DÉCÈS DE M. **EDWIN TROSS**

DEUXIÈME PARTIE.

MÉLANGES.

1. **Acta Apostolorum,** elegantiss. monochromatis a duobus præstantiss. pictorib. belgis summo artificio delineata : a Martino Heemskerchio Harlem. et Joanne Stradano Brugensi. *Antverpiæ*, *Phil. Gallæus* (*circa* 1560). Titre et 34 planches. — Vita Petri. M. Heemskerck inven. Ph. Galle fecit. *H. Cock excud.*, 1558. 6 pl. in-fol. obl. cart.

Belles épreuves, mais rognées et montées anciennement sur papier blanc.

2. **Acta** scitu dignissima docte || q. concinnata Constantiensis || concilii celebratissimi. || (Ed. Ç. Summenhart). *Impressa in imperiali oppido Hagenow per Henr. Gran, expensis Joh. Rynman.* 1500. In-4, goth. 112 ff. dont le dernier blanc, cart.

3. **Æneas Sylvius**. Epistolæ familiares ad diversos. *Norimbergæ, Ant. Koberger*, 1481. In-fol. rel. en bois.

4. —— Enee Silvii Historia bohemica, notabilis et jucunda. A principio gẽtis usq; ad Georgiã Poggie-bratiu. Ladislai Regis successorẽ porrecta. *S. l. et a.* (*circa* 1480). In-4, goth. à 2 col. 60 ff. dont le dern. blanc, cart.

5. **Æsopi** Phrygis Fabulæ elegantissimis iconibus illustratæ. *Francofurti ad Moenum, S. Feyerabend,* 1566. Pet. in-8, grav. en bois, parch.

Beau et rare volume. Il manque une planche.

6. **Alanus**. Disc nachualgende materi ist getzogen aus aim büchlin. welichs gemacht hat maister Alanus brediger ordens. von unser Frauwen psalter. Geborn in Britania. vnd von dem conuent Dynant. *Gedruckt zu Ulm von Cunrad Dinckmut Jm iar als man zalt* M.cccc lxxxix. Pet. in-4, goth. avec 5 grav. en bois de la grandeur des pages, rel. en bois.

7. —— Liber parabolarum Alani. *S. l. et a.* Pet. in-4, goth. 14 ff. demi-rel. mar. r.

Édition portant sur le titre la marque de P. Levet, qui a exercé l'imprimerie à Paris de 1485 à 1499. Imprimée en gros caractères carrés, vingt-cinq lignes par page.

8. —— Parabole seu Doctrinale altum cũ luculenta carminum ac sententiarum expositione. *Coloniæ, in ædibus Quentelianis,* 1519. Petit in-4, goth. cart.

9. **Album** de plans et vues d'Espagne et de Portugal, tirés de la collection de Braun et Hoghenberg (1563 et suiv.). Gr. in-fol. obl. cart.

Lisbonne. Belem (Cascale). Sattenil. Le Brixa. Santander, Bilbao. Leria. Alhama, Granada. Sevilla. Malaga. Cadix, Toledo. Valladolid. Xeres de la Fontera. Conil. Velio Malaga. Vegel. Antequera. Saint-Sébastien. Burgos. Eicia. Barcelona.

10. **Alexander**. Miraculum Tritonum et Nereidum quæ variis in locis tempestate nostra compertæ fuere. Historia memorabilis de homine qui plus in mari quam in terris degebat, maximaque æquora tranabat. *S. l. et a.* (*circa* 1500). In-4, caract. r. 4 ff. n. rel.

11. **Alexander ab Imola**. Additiones seu apostillæ super lectura Bartholi in prima parte codicis. *S. l. et a.* (*circa* 1480). Gr. in-fol. à 2 col. car. ronds, cart.

Magnifique incunable.

12. **Almanach** (le petit) de nos grands hommes. (*Paris*), 1758, in-12, frontisp. gr. v.

13. —— nova plurimis annis venturis inservientia : per Ioannem Stœfflerinum Iustingensem et Jacobum Pflauumen Ulmensem accuratissime supputata : et toti fere Europe dextro sydere impartita. *Opera arteq. impressonis mirifica Joannis Reger, anno* 1499, *absolute sunt Ulme.* Pet. in-4, goth. cart.

14. **Amori varii**. In-4, vél.

Manuscrit en italien du XVIIe siècle, 182 ff. Il provient de la vente Auvillani.

15. **Anacreontis** Teii Odæ, ab Henrico Stephano luce et latinitate nunc primum editæ. *Lutetiæ, Henr. Stephanus,* 1554. Pet. in-4, peau de tr. ferm.

Première édition, aussi belle que rare. (Brunet).
Dans le même volume : Aristophanis comœdiæ (græcæ). *Basileæ,* 1531.

16. —— Anacreontis Carmina (græce). *Argentorati, Treuttel,* 1786, in-12, veau f. non rog.

17. **Annales** de la typographie néerlandaise du xve siècle, par M. F. A. G. Campbell, bibliothécaire en chef de la Bibliothèque de la Haye. *La Haye et Paris,* 1874. Gr. in-8, XVIII et 629 pages, pap. vergé, demi-rel. mar. br.

La première partie de l'ouvrage contient les titres des Incunables par ordre alphabétique, et la seconde, une table alphabétique des typographes néerlandais avec la liste des ouvrages sortis de leurs presses. C'est un supplément indispensable aux ouvrages de MAITTAIRE, PANZER et HAIN.

18. **Anti-Garasse** (l') divisé en cinq livres. I. Le Bouffon. II. L'Imposteur. III. Le Pédant. IV. L'Injurieux. V. L'Impie. *Paris, Rollin Baragnes,* 1627. In-8, 16 ff. prél. et 940 pages, demi-rel.

Publié par Remy. Le *Manuel* de Brunet renvoie à l'article « *Anti-Garasse,* » col. 1477 et 1478 du vol. II, mais l'ouvrage ne se trouve pas mentionné.

19. **Apologia** cuiusdam regiæ famæ studiosi, qua Cæsariani Regem Chr. arma et auxilia Turcica evocasse vociferantes, impuri mendacii et flagitiosæ calumniæ manifeste arguuntur. *Lutetiæ, Carolus Stephanus,* 1551. In-4, cart.

20. **Aretinus**, Laurentius. mOyses cuius est veneranda memoria quia || ysraeliticuꝫ populũ a seruitute egiptia li || beravit. Natus est put Augustinꝰ ||. *A la fin :* tu^r in hysto. sco. inuente sunt apud grecos ficus et || vue apud siculos caules ⁊ in creta oliua. | Finis vite Mosis. Laurentius Arentinus ||. *S. l. et a.* (*circa* 1480). Pet. in-4, 8 ff. sans chiffr. récl. ni signat. 33 et 34 ll. par page, cart.

Imprimé à Rome, avec les caractères de Stephan Planck. Très-bel exemplaire.

21. **Auli Gellii** Noctium Atticarum lib. XIX, cum Ascensianis scholiis. (*Parisiis*), *in officina Joa. Roigny,* 1536. In-fol. grav. en bois au titre veau f. (*Aux armes.*)

22. **Balbi** (Hier.) de futuris Caroli Augusti successibus Vaticinium. *Bononiæ, J. B. Phaellus,* 1529. Pet. in-4, bord. grav. en bois au titre, vélin.

23. **Bandini**. Specimen literaturæ florentinæ sæculi xv, et cod. mss. eruit A. M. Bandinius. *Florentiæ,* 1747-51. 2 tom. en 1 vol. in-8, d.-rel. n. rog.

24. **Barlandus** (Hadr.). Ducum Brabantiæ Chronica, item Brabantiados poëma Melch. Barlæi. Iconibus nunc primum illustrata ære et studio Jo. B. Vrient, opera quoque Ant. de Succa. *Antverpiæ, ex off. Plantiniana,* 1600. In-fol. fig. en taille-douce, vél.

25. **Baron.** Son Théâtre, augmenté de deux pièces qui n'avaient point encore été imprimées. *Paris,* 1759, 3 vol. in-12, v. marbr.

26. **Bartsch.** Catalogue de l'œuvre d'Adam de Bartsch. *Vienne,* 1818. In-8, portr. broch.

On a ajouté les 2 cahiers de gravures du *Peintre graveur* qui manquent à beaucoup d'exemplaires.

27. **Bechet,** chanoine d'Uzès. Histoire du ministère du cardinal Martinusius, archevêque de Strigonie, régent du royaume de Hongrie. *Paris,* 1715. In-12, rel.

28. **Becker.** Jobst Amman Zeichner und Formschneider, Kupferätzer und Stecher, von C. Becker. *Leipzig, R. Weigel,* 1854. Pet. in-4, 17 planches, cart. de toile.

29. **Bertelli.** Il primo libro delle città et fortezze principali del mondo. *Venetia, P. Forlani,* 1567. Pet. in-fol. vél.

Titre gravé, et 13 planches doubles.

30. **Beuter.** Cronica generale d'Hispagna et del regno di Valenza, tradotta da Alf. Ulloa. *Vinegia, Giolito,* 1556. Pet. in-8, cart. grav. sur bois, parch.

Volume fort rare. M. Brunet ne cite pas cette traduction.

31. **Bible de Royaumont.** L'Histoire du Vieux et du Nouveau Testament, avec des explications édifiantes tirées des SS. Pères, par le sieur de Royaumont. *Suivant la copie imprimée à Paris chez P. le Petit,* 1680. Pet. in-8, chagr. bleu, doublé de mar. r. tr. dor.

Belles épreuves.

32. —— L'Histoire du Vieux et du Nouveau Testament. *Suivant la copie imprimée à Paris,* 1699. Pet. in-8, veau marbr.

33. **Bibliotheca** Aprosiana. Passatempo autunnale di Cornelio Aspasio Antivigilmi, tra vagabondi di tabbia detto l'Aggirato. *Bologna, Manolessi,* 1673. Pet. in-12, front. grav. parch.

Volume rare. (Brunet.)

34. **Bisselius** (Joa.). De pestiferis peccatorum mortalium fructibus exempla tragica. *Dilingæ,* 1679. — Incolarum alterius mundi phænomena historica. *Dilingæ,* 1682. — Mortes patheticæ. *Dilingæ,* 1682. 1 vol. pet. in-8, peau de tr. ferm.

Le dernier ouvrage contient une biographie de Marie Stuart, avec portrait.

35. **Blasons.** Vingt-cinq feuillets in-folio, contenant chacun quatre cartouches de blasons, gravés en bois dans le genre de Solis avant 1539 et imprimés d'un seul côté. Ces 100 cartouches offrent 4 dessins différents. Ils sont tirés sur beau papier (la marque représente les armes de Bavière) et ils sont absolument neufs.

36. **Boetius**. De philosophico consolatu, sive de consolatione philosophie, cum figuris ornatissimis noviter expositus. *Argentinæ, Jo. Gruninger*, 1501. In-fol. grav. en bois (77), parch.

Dans le même volume : Boeti de consolatione philosophie libri V, *Mart. Lantzbergk*, 1509.

37. —— Boetii de Consolatione philosophiæ libri V. *Amstelodami, G. J. Cæsius* (*Blaeu*), 1625. In-64, parch.

38. —— Boetii de Consolatione philosophiæ libri V, editi a P. Bertio. *Lugd. Bat., Joa. Maire*, 1633. In-32, mar. r. fil. tr. dor. (*Rel. anc.*)

39. **Bossuet**. Historia de las variaciones de las iglesias protestantes y exposicion de la doctrina de la yglesia cathólica, sobre los puntos de controversia. Traducidas por D. M. J. Fernandez. *Madrid*, 1755. 5 vol. pet. in-4, v.

Rare.

40. **Bourgeois**. Observations diverses sur la stérilité, perte de fruict, fœcondité, accouchements et maladies des femmes ou enfants nouveaux naiz, heureusement praticquées par L. Bourgeois. *Paris, Jean de Houry*, 1653. In-8, frontisp. gr. v. br.

Avec les portraits de Marie de Médicis et de Louise Bourgeois gravés par Th. de Leu.

41. **Bourquelot** (F.). Essai historique sur les invasions des Hongrois en Europe et spécialement en France. 122 pages. — Mémoire sur les colonies militaires et agricoles des Chinois, par E. Biot. *Paris*, 1850. — De Hildeberti, cenomanensis episcopi, vita et scriptis, auct. V. Herbert-Duperron. *Bajocis*, 1855. In-8, 212 pages et d'autres pièces in-8, demi-rel. non rog.

42. **Brentz**. Türcken Biechlein, wie sich Prediger und Laien halten sollen, so der Türck das Teutsche Land überfallen wurde. *S. l.*, 1537. In-4, goth. 8 ff. cart.

43. **Britonio**. Del Britonio i cantici et i ragionamenti; et quelli del Pontefice, in favore della sanctissima romana Chiesa. Al S. Alessandro, card. Farnese. *Venetiis, Baldassar Constantini*, 1550. In-8, mar. brun à riches compart. (*Première rel.*)

Exemplaire lavé et remboîté.

44. **Broderies**. Des neuen Strickbüchlein zweiter Theil (Seconde partie du nouveau livre pour tricoter et broder). *Nürnberg, Weigel*, vers 1700. In-fol. obl. cart.

Belle et rare suite.

45. **Brosse**. L'Aveugle clairvoyant, comédie. *Paris, Quinet*, 1650. In-4 cart.

46. **Brunn** (Blasius). Ein Lob Spruch von dem herkomen des Herren Wilhelm, Printz zu Uranien, und der Frewlin Anna, Hertzogin zu

Sachssen. Als Brawt und Breutigam. *Nürnberg*, *Val. Newberg*, 1561. In-4, 8 ff. cart.

Pièce en vers.

47. **Cabinet des fées,** ou Collection choisie des contes des fées ou autres contes merveilleux. *Amsterdam* (*Paris*), 1785-89. 41 vol. in-8, fig. de Marillier, bas.

48. **Callimachi** (P.) experientis de bello Turcico inferendo, oratio gravissima... Item eiusdem historia de his quæ a Venetis tentata sunt, Persis ac Tartaris contra Turcos movendis. *Hagenœ*, *ex officina Seceriana*, 1533. In-4, mar. r. à comp. tr. dor. (*Capé.*)

49. **Canons et Mortiers** qui se trouvent à Cassel, 1698-1705. Très-beaux dessins au nombre de 40, lavés à l'encre de Chine, en partie signés Barbonez. Gr. in-fol. cart.

Magnifique volume.

50. **Cardanus** (Hier.). Somnorum Synesiorum, omnis generis insomnia explicantes, libri IIII; de libris propriis, geometrias encomium, etc. *Basileæ*, *Henr. Petri*, 1562. In-4, vél. blanc.

51. **Carolus VI**, R. J. S. A. et Pax aurea. G. B. Goez inv. et fec. Aug. Vind. *S. d.* In-fol. titre et 7 planches emblématiques, cart.

52. **Carta** de Lelio Peregrino a Stanislao Vorbio, Priuado del Rey de Blonia. *S. l. n. d.* (*vers* 1600). 14 ff. in-fol.

53. **Catalogue** des livres de la bibliothèque de feu madame la marquise de Pompadour. *Paris, Hérissant*, 1765. In-8, v. marbr.

54. —— des livres imprimés, manuscrits, estampes et cartes à jouer composant la bibliothèque de M. C. Leber. *Paris*, 1839-1852. 4 vol. in-8, fac-sim. br.

Curieux catalogue, devenu rare.

55. —— de la bibliothèque de M. Yemeniz. *Paris*, *Bachelin*, 1867. In-8, demi-rel. chagr. (*Prix mss.*)

56. —— de livres anciens et modernes, rares et curieux, de la librairie Auguste Fontaine. *Paris*, 1874-75. 2 vol. in-8, demi-rel. mar. br.

57. —— du cabinet de tableaux, dessins, etc., de G. Braamkamp. *Amsterdam*, 1771. In-8, pap. fort, demi-rel. non. rogné. (*Prix imprimés.*)

58. —— raisonné, ou Description exacte de plusieurs excellens tableaux du cabinet du marquis A. Tacoli Canacci. *Parme* (*Bodoni*), 1796. In-4, demi-rel.

59. —— de ventes, anciens et modernes, en général avec les prix. Plusieurs lots.

Parmi les catalogues modernes ceux de Solar, Pichon, Tufton, Libri, etc., etc.

60. —— de tableaux et estampes (anciens et modernes), guides de musées et villes, etc. Ensemble environ 40 pièces in-8, rel. et broch.

Catalogue Ploosvan, Amstel, Birkenstock, Remy, Ursel, etc.

61. **Celtes**, Conr. Epitoma in utramque Ciceronis rhetoricam, cum arte commemorativa nova et modo epistolandi utilissimo. (*Ingolstadii*, 1492.) In-4, goth. cart.

En prose et en vers, avec un curieux alphabet grav. en bois.

62. **Certani** (Giacomo). Maria vergine coronata, descrizione, dichiarazione della divota solennità fatta in Reggio li 13 maggio 1674. *Reggio, Vedrotti*, 1675. In-fol. fig. rel. en bois.

Avec 15 planches gravées par Mitelli, et représentant des cavalcades, des processions de corporations, etc.

63. **Cervantes**. El Ingenioso hildago Don Quixote de la Mancha. *En Bruselas, Juan Monmarte*, 1662. 2 vol. in-8, fig. en taille-douce, vél.

64. —— Galatée, roman pastoral, imité de Cervantes par M. de Florian. *Paris, Didot*, 1784. In-18, fig. broch.

65. **Chapelain**. La Pucelle, ou la France délivrée, poëme héroïque. *Suivant la copie imprimée à Paris* (*Hollande, Elzeviers*), 1656. In-12, front. grav. vél.

Beau et grand, mais sans gravures.

66. **Chasse**. Tre libri de gli uccelli de rapina, di M. Franc. Sforzino da Carecesso, ne' quali si contiene la vera cognitione dell' arte di Stroccieri con un trattato de' cani. *Vinegia, Gabr. Giolito*, 1568. Fig. en bois. — Libro di M. Fed. Giorgio del modo di conoscere i buoni falconi. *Vinegia*, 1568. 2 vol. en 1 pet. in-8, vél.

67. **Chertablon**. Spiegel om wel te sterven, door D. Vigne. Verzierd net 42 Platen door Romein de Hoog. *Amsterdam, J. Stigter, s. d.* Fig. en taille-douce, cart.

Danse des morts grav. par R. de Hooghe.

68. **Christii** Noctes academicæ, observationibus ad rem litterariam miscellis et conjecturis expositæ. *Halæ*, 1727. In-8, fig. à l'eau-forte par J. F. Christius, cart.

Volume intéressant. Portraits de Casdanus, Machiavelli, Corneille Agrippa, etc.

69. **Ciceronis** (Marci Tullii) liber para- || doxorum feliciter incipit. || S. *l. n. a.* (*Parisiis, circa* 1472). In-4, goth. sans chiffr. récl. ni sign. 11 ff. à 27 lignes par page, cart.

70. —— Ciceronis de Officiis, de Amicitia et de Senectute libri. *Parisiis, Renouard*, 1796, in-4, cart. non rog.

Siré à 163 exemplaires, n° 148.

71. **Cisnerus** (Nicol.). Descriptio eorum, quæ in nuptiis... Phil. ab Hanau et Helenæ, Joannis Palatini Rheni filiæ : Item Phil. a Lei-

ningen et Amaliæ, etc., acta sunt Heydelbergæ. *Heydelbergæ, Jo. Aperbacchus*, 1552. In-4, cart.

Ce poëme, en vers hexamètres, contient la description des tournois et fêtes qui eurent lieu à Heidelberg en 1551.

72. **Clausel.** Du Sacre des Rois de France, et des rapports de cette auguste cérémonie avec la constitution de l'État, par M. Clausel de Coussergues. *Paris*, 1825. In-8, br.

73. **Claudianus** (Cl.). De Raptu Proserpinæ. *Erphurdiæ, Joa. Cnappius*, 1514. Pet. in-4, n. rel.

Au titre une gravure tiré en rouge et noir. Notes mss.

74. **Cocle** (Bart.). La Geomantia novissimamente tradotta e data in luce. *Vinegia, Giovita Rapirio.* (A la fin :) *Venegia, Bart. Cesano*, 1550. Pet. in-8, 88 ff. fig. en bois, cart.

75. **Cose** (le) che mosseno el Se ‖ renissimo Re catholico : ‖ ad roper guerra al Re ‖ di Frãcia per aiuto et ‖ difensiõe la sau ‖ cta chiesa. ‖ Per causa del excellẽt conte de Cha ‖ riani ambasciator del Sere‖nissimo Re catholico. *S. l. et a.* In-4, goth. 6 ff. cart. (*Quelques petites piqûres.*)

Cette pièce a été pliée et envoyée comme lettre à l'époque.

76. **Colin.** Traicté de la Peste et de sa guérison, premierement escrit en langue syriaque, par Rases, medecin admirable, interpreté en grec par Alexandre Trallian, et nouuellement trad. par M. Sebastien Colin. Plus vn Epitome, contenant les causes, remedes et preseruatifs de la Peste, composé par ledit Colin. Avec un traité contenant le Régime et façon de viure, vtile aux amateurs de leur santé. *A Poitiers, par Enguilbert de Marnef*, 1566. Pet. in-8, 40 ff. non chiffr. cart. (*Court de marges sur le devant.*)

Ce volume ne contient que le Rhases, qui finit au verso du feuillet 39. Le recto du feuillet 40 contient un avis au lecteur dans lequel l'auteur renvoie, pour l'autre Traité annoncé sur le livre, à son livre : *Du Régime des fièvres.*

77. **Collection Cazin.** 17 volumes en différentes reliures.

Bernis. Voyage de Chapelle et Bachaumont. Cazotte. Mis de Villette. Geneviève de Cornouailles. Boufflers, etc.

78. **Commentaires** de l'Estat de la Religion et République soubs les rois Henry et François seconds, et Charles neufiesme (par P. de la Place). *S. l.* 1565. In-8, demi-rel. mar. vert.

Édition de 309 ff. plus 5 ff. liminaires.

79. **Concilium**, so zu Constantz gehalten ist worden, des jars de man zalt... 1413 Jar. *Augspurg, H. Steyner*, 1536. In-fol. goth. rel. en bois.

Volume très-recherché à cause des grandes et belles gravures en bois qu'il contient, et qui forme en même temps un armorial des grandes familles de l'Allemagne au commencement du xve siècle. Quelques taches.

80. **Conjecture** de Nicolas de Cusa, cardinal, touchant les derniers temps, écrite l'an 1452. *Amsterdam, D. Pain,* 1700. Pet. in-8, veau fauve. (*Exempl. Soubise.*)

81. **Copia** del Triũpho del Christianissimo Re di Frãza || nel ĩtrata facta de la ĩclita Citta di Milano cõ tutta la sua || baronia con el nome de tutti li Capitanei & Cõdutieri. || adi XII. de Octobrio M.CCCC.XV. Cõ la ĩtrata che || fece nel Castello adi XIIII del dito mese. *S. l. n. d.* (1515). Pet. in-4, 2 ff. vue de Milan, grav. en bois au premier feuillet, car. ronds, cart. (*Piqûres.*)

Pièce rarissime, non citée dans le *Manuel* de Brunet. On donne en détail la description des costumes de la suite du roi.

82. —— delle lettere || del Serenissimo Re d'Inghilterra, et del Reuerен||dissimo Card. Polo Legato della S. Sede || Apostolica alla santità di N. S. Julio Papa III sopra la reduttione di || quel Regno alla vnione della Santa Madre || Chiesa, et obedienza della Sede || Apostolica. || *S. l.,* 1554. In-4, 6 ff. cart.

Armes du Pape et de l'Angleterre, grav. sur bois au titre.

83. **Corneille** (P.). Othon, tragédie. *Paris, Th. Jolly,* 1665. In-12, non relié.

Édition originale. Exemplaire mouillé, avec des défauts aux marges blanches des premiers feuillets.

84. —— De verduytste Cid. Bly-Eyndend Treur-Spel. (La tragédie du Cid, trad. en vers hollandais, avec une vie du Cid.) *Tot Hoorn, Barent Adriaensy Berentsma,* 1641. Pet. in-8, cart.

Première traduction en hollandais, d'une grande rareté. On parle dans les prélim. de la préface de l'édition française imprimée à Leyde en 1638, et on y voit les affiches des comédiens français de son Altesse (Frédéric de Nassau).

85. **Cornelius Nepos.** Les Vies des plus grands, plus vertueux et excellents capitaines et personnages grecs et barbares faictes par Æmylius Probus, et mises en françois par B. de Girard, seigneur du Haillan. *Paris, P. l'Huillier,* 1568. In-4, veau br. fil.

86. **Cortes de Toledo** (las). Del año de mil ꝛ quiniẽtos ꝛ veynte cinco años. Las leys ꝛ prematicas reales hechas por sus Magestades en las cortes q. mãdaron hazer ꝛ hizierõ. En la ciudad de Toledo. En las quales ay muchas leys y decissiones nueuas... *Fueron impressas en la ciudad de Burgos en casa de Alonso de Melgar,* 1526. 22 feuillets. — Prematicas nueuamente hechas ẽ las cortes q. se hizierõ y mãdarõ celebrare neste psente año de quiẽtos y XXIII en la noble villa de Valladolid su sacra majestad el ẽperador y reyna doña Juana su madre. *S. l. n. d.* (1524). 12 feuillets. 2 vol. en 1 in-fol. goth. demi-rel. cuir de Russie.

Deux pièces très-rares. La seconde est un peu tachée et a quelques raccommodages dans les marges.

87. **Cousin.** La Vraye Science de la pourtraicture, par maistre Jean Cousin. *Paris,* 1642. In-4 obl. fig. en bois, cart.

On connait la rareté des anciennes éditions de ce traité.

88. **Coutumes d'Auvergne.** Arvernorum Consuetudines, Jo. Bressiani a Pressaco... annotationes locupletissimæ atque etiam doctissimæ. *Lugduni, A. Vicentius,* 1548. Pet. in-8, cart.

Avec le texte français. M. Brunet ne connaissait que l'exemplaire actuellement à la Bibliothèque nationale.

89. **Critiques** (deux) nouvelles de la satire X de M. D. (Boileau), l'une en prose, l'autre en vers. *Paris, Leclerc,* 1694. — Réponse à la satire X. *Paris,* 1694. — Epistres nouvelles du sieur Despréaux. *Suivant la copie imprimée à Paris,* 1698. — Satires nouvelles du sieur de Laume. *Amsterdam, Schette,* 1798. — Satyre contre les maris, par le sieur R. T. de F. (Regnard, trésorier de France). *Paris,* 1694. — Et autres pièces en 1 vol. in-12, vél.

90. **Debiel** (Lud.). Utilitas rei numariæ veteris. *Viennæ Austriæ,* 1733. Pet. in-8, 2 pl. demi-rel.

91. **De la Coudraye.** Traitez de métaphysique démontrée selon la méthode des géomètres. *Paris, Pralard,* 1694. In-12, mar. à comp. tr. dor. (*Première rel.*)

92. **De la Croix.** Connubia florum latino carmine demonstrata, notas et observationes adjecit R. Clayton. *Bathoniæ*, *Hazard,* 1791. In-8, curieuse gravure, broch.

« A correct and elegant edition. » (Lowndes.)

93. **Demetrii** Alexandrini grammatica græco-turcica. *Viennæ,* 1812. In-4. broch.

Traduction de la grammaire de Meninski en grec moderne.

94. **Denis.** Die Merkwürdigkeiten der K. K. Garellischen Bibliothek. *Wien,* 1780. In-4, broch.

95. **Description** des antiquïtés et objets d'art du cabinet du chev. E. Durand (par de Witte). *Paris,* 1836. In-8, 5 pl. broch.

96. —— du cabinet de M. Paul de Praun à Nuremberg, par C. T. de Murr. *Nuremberg,* 1797. In-8, 7 planches, demi-rel. vél.

97. **Designation** der Polonischen Magnaten, welche J. K. M. in Polen bedienen werden, anno 1699. — Etwas Newes von der Leipziger Michael. Messe, 1699, worstellend die Ankunfft Sr. K. M. in Pohlen. 2 broch. in-4.

98. **Deslandes.** Histoire critique de la philosophie, où l'on traite de ses progrès et des diverses révolutions qui lui sont arrivées. *Londres,* 1742, et *Amsterdam,* 1756. 4 vol. in-12, veau.

Le quatrième volume, paru après coup, se trouve assez difficilement.

99. **Dessins originaux** d'Ad. Kraft, XIVe siècle, sur vélin. In-fol. et in-4, en carton.

Ces dessins gothiques sont d'une belle exécution. Ils représentent les fondements, les tours et les ornements de l'église abbatiale de Zwell (Basse-Autriche). On a ajouté une copie moderne.

100. **Dictionnaire** de géographie ancienne et moderne, à l'usage du libraire et de l'amateur des livres, par un bibliophile (P. Deschamps). *Paris, Didot*, 1870. Gr. in-8, demi-rel. dos et coins de maroq. br. tr. peigne.

Supplément au *Manuel* de M. Brunet.

101. —— de géographie ancienne et moderne, à l'usage du libraire et de l'amateur des livres, par un bibliophile (P. Deschamps). *Paris, Didot*, 1867 et suiv. livraisons 6 à 25. In-8, br.

102. **Dificio** di ricetti. Recettario de diverse et varie virtù. — Varie sorti di soaui et utili odori. — Alcuni secreti medicinali. *Venetia, Fr. Ramazetto* (*circa* 1550). Pet. in-8, 32 ff. dont le dernier blanc, cart.

103. **Discours** des Honneurs, pompes et magnificences de nostre S. P... Grégoire XIII... ensemble les cérémonies, solennitez, arcs triomphaux, deuises, inscriptions et autres singularitez mémorables. *Lyon, B. Rigaud*, 1591. Pet. in-8, 32 pages, non rel.

104. —— veritable de diverses conspirations nagueres descouvertes contre la propre vie de la tres-excellente Majesté la Royne, par assassinemans autant barbares, comme la conservation a esté miraculeuse, opposée aux desseings pernicieux de ses Anglois rebelles. *A Londres, par Charles Yetsweirt, et à la Haye, chez A. Henry*, 1595. Pet. in-4, n. rel.

105. **Dissertationes** variæ. De alea et aleatoribus. 6 broch. in-4 et in-8.

Cock. De alea. *Trajecti*, 1810. — Lind. De aleatoribus. *Lugd. Bat.*, 1816. — Ryser. De aleatoribus. *Lugd. Bat.*, 1766. — Staring. De aleatoribus. *Lugd. Bat.*, 1750. Wiardi de aleatoribus. *Lugd. Bat.*, 1731. — Stheeman. De alea. *Groningue*, 1831.

106. —— de ludis et sponsionibus. A. J. van Deinse. *Lugd. Bat.*, 1839, in-8. — H. Cancrien, 1840, in-8. — Reint van Andringa de Kempenaar, 1824, in-4.

107. **Documents** relatifs à la famille Spinola, extraits des archives de Naples. In-fol. vél.

Manuscrit italien, sur papier, du commencement du XVIIe siècle.

108. **Dombay**. Grammatica linguæ persicæ, opera et studio F. de Dombay. *Vindobonæ, Camesina*, 1804. In-4, demi-rel.

109. **Donati** (Hieronymi) dignissimi oratoris veneti ad Cæsarem pro re christiana (contra Thurcas). *Venetiis, P. de Vitalibus,* 1501. Pet. in-4, 4 ff. n. rel.

110. **Dumesnil** (J.). Histoire des plus célèbres amateurs italiens et de leurs relations avec les artistes. *Paris,* 1853. In-8, demi-rel. mar.

Castiglione, Pietro Aretino, Ferrante Carlo, Cassiano del Pozzo.

111. **Durer**. Le Char de triomphe. Excogitatus et depictus est Currus iste Nurembergæ, impressus vero per Albertum Durer, anno M.D.XXIII. *Anno autem D. M.D.LXXXVIII Jacobus Chinig Germanus tabulas hasce ab hæredibus Alberti Dureri ære proprio emptas, iterum Venetiis divulgandas curavit.* (Avec texte en car. mobiles.) 8 feuilles in-folio.

Édition très-rare, non citée dans le manuel de Brunet. L'exemplaire a quelques petits raccommodages dans les marges.

112. **Dussieux**. Les Artistes français à l'étranger. *Paris, Didron,* 1852. In-12, broch. (*Envoi de l'auteur.*)

113. **Échecs**. Nouvelle Manière de jouer aux échecs, selon la méthode du S[r] Ph. Stamma, natif d'Alep. *Utrecht,* 1777. In-12, veau br.

114. **Ehingen** (Georg.). Itinerarium, das ist Raise nach der Ritterschaft. (Voyage de chevalerie dans dix royaumes et description d'un combat près de la ville de Sept, en Afrique.) *Augsburg, Custodis,* 1600. In-fol. 10 portraits grav. en taille-douce, cart.

Ce voyage, entrepris pour chercher des aventures chevaleresques, a été fait de 1455 à 1457. L'auteur fut admis aux cours de Ladislas de Hongrie, Charles VII de France, Henri IV de Castille, Henri VI d'Angleterre, Alphonse V de Portugal, Philippe de Chypre, Jean de Navarre, Jacques II d'Écosse, et de l'empereur Frédéric IV, dont les portraits se trouvent dans le volume, gravés par D. Custodis d'après les dessins originaux. Bel exemplaire.

115. **Emblèmes**. Gli Apologi del signor Giulio Cesare Capaccio. *Venetia, Barezzi,* 1619. In-4, grav. en bois, parch.

116. **Emblesmes** de l'amour divin, inventées par Otho Venus (*sic*), avec l'explication de chacune. *Paris, Le Blond* (vers 1630). Pet. in-4, frontisp. gr. et 75 planches, veau br.

117. —— Zederyke Zinnebeelden vertoont in Konstplaten, door E. Verryke. *Amsterdam,* 1712. Pet. in-8, grav. en taille-douce, bas.

118. **Englæbermeus**, Pyrrhus. Militia Francorum regum pro re christiana ad magnum Franciæ cancellarium Ant. Pratum. *Parisiis, in ædibus Ascensianis. S. d.* Pet. in-4, cart.

119. **Entrée**. Wie der hailig Vater Babst Adrianus eingeritten ist zu Rom. S. *l.*, 1522. In-4, goth., 4 ff. grav. en bois au titre, cart.

120. **Epistola** Regis Angliæ ad Papam cõtra nimias exactiones regno ĩtolerabiles q. qꝫ sacerdotia dignis personis cõferenda sint ad dei gloriã ad divini cultus augmentũ, salutem animarũ ac totius regni

profectum. Joannis Keisersbergij primi Argeñ. ecclesie cõcionatoris comparatio auari ad porcum cõuenientissima. *S. l. n. d.* (*vers* 1520). In-4, belle bordure au titre, demi-rel. toile.

Plaquette de 4 ff. rarissime (Lowndes, page 1058, col. II). Très-bel exemplaire.

121. **Epitaphes** sur le trespas du feu M. Charles de Cossé, comte de Brissac, par divers autheurs, tant en grec, latin, françois qu'en italien. *Paris. Th. Richard*, 1564, broch. In-4.

122. **Equicola** (Mario). Chronica de Mantova. *S. l.* 1522. Pet. in-4, car. ronds, fig. en bois. (*Notes mss. sur les marges.*)

Sans la date, indiquée plusieurs fois, on prendrait le volume pour un incunable imprimé vers 1475. Le nombre des feuillets indiqués par M. Molini est exact ; le volume contient encore à la fin un feuillet blanc. On y trouve une pièce de vers en langue provençale.

123. **Escalera.** Resulta del vindicato y residencia del Dr D.-J.-B. Buraña en la Provincia di Calabria Citra, de su administracion en la de Calabria Ultra, por D. M. Alvarez de la Escalera. *Coseñza, B. Ruffo*, 1637. Pet. in-4, vél.

124. **Escrime.** Nuovo et brieve Modo di schermire di Alf. Falloppia, alfiere nella fortezza de Bergamo. *Bergamo, Comin Ventura*, 1584. In-4, 19 ff. cart.

125. **Esequie** di Maria chr. regina di Francia, celebrate in Firenze, e descritte da Simone di Giovanni Berti. *Firenze, Massi e Landi*, 1643. 2 part. en 1 vol. in-4, frontisp. et 3 pl. grav. par Cecchi, vél.

126. **Estienne** (Henri). De Latinitate falso suspecta, expostulatio Henrici Stephani. Eiusdem de Plauti latinitate dissertatio, et ad lectionem illius Progymnasmata. *S. l.* (*Genevæ*), *excudebat Henricus Stephanus*, 1576. Pet. in-8, vél.

127. **Estienne** (Rob.). Sententiæ singularis versibus contentæ, juxta ordinem literarum, ex diversis poëtis. (Græce.) Quibus ex aduerso respondet latina versio. *Parisiis, ex off. Roberti Stephani*, 1566. Pet. in-8, cart. (*Très-bel exemplaire.*)

128. **Exercices** d'infanterie. Dessins à l'encre de Chine pour l'édition allemande de De Gheyn. 1 vol. in-fol.

129. **Faber.** De Futilitate poetices, auctore Tanaquillo Fabro. *Amstelodami, H. Desbordes*, 1697. Pet. in-8, broch. non rogné.

130. **Faria y Sousa** (M.). Epitome de las historias portuguesas. Primero y segundo tomo. *Madrid*, 1628. In-4, demi-rel. vél.

Première et rare édition.

131. **Fasciculus** temporum, autore W. Rolevinck. *Venetiis, Erh. Ratdolt*, 1484. In-fol. goth. fig. en bois, cart.

Également sans signatures ni réclames, avec feuillets chiffrés en caractères arabes.

132. **Faure** (René). Le Bien public pour le fait de justice. Précédé d'une étude biographique sur l'auteur et son époque, par Humbert Ferrand. *Lyon, Scheuring (impr. de L. Perrin)*, 1867. In-8 broch.

133. **Faye** (J.). Les Remonstrances, ou Harangues faictes en la cour de Parlement de Paris aux ouuertures des plaidoyeries, avec un recueil des remonstrances faictes par Guy du Faur, seigneur de Pibrac. *Paris, N. et P. Bonfons*, 1600. Pet. in-8, v.

134. **Ficinus** (Marsilius), de triplici vita, una cum textu seu regimine sanitatis Salerni mag. Arnoldi de Nova villa. *Argent. ex off. Jo. Schotti*, 1511. In-4, goth. cart.

135. **Fischer.** Beschreibung einiger typographischen Seltenheiten. (Description de quelques curiosités typographiques, par G. Fischer.) *Mainz*, 1800-1801, 3 cahiers in-8, fig. et fac-simile, broch.

Plus un double de la première livraison.

136. **Florencio.** Crotalogia, ò ciencia de las Castañuelas, instruccion científica del modo de tocar las Castañuelas para baylar el Bolero, etc. *Barcelona, Sierra y O. Marti, s. d.* (XVIIIe *siècle*), et 4 autres pièces en 1 vol. pet. in-8, demi-rel.

137. **Francs-maçons.** Cantinela contra francs-masones, trad. de l'italiano par J. Torrubia. *Madrid*, 1793. Pet. in-8, cart.

138. **Fundius.** Oratio elegantissima per Aug. Fundium nomine Senensis Senatus apud Julium II Pont. Max. habita. *Per me Jac. Thanner conciuem Liptczensem impr.*, 1504. Pet. in-4, goth. 6 ff. cart.

139. **Galeotti.** Martii Narniensis libri de homine. *S. l. et a.* In-fol., caract. ronds, parch.

Exemplaire dont les passages en grec sont imprimés. A la fin du volume on lit la note suivante : 1473 *dic 22 augti emi hunc librum.* Notes mss.

140. —— Martii Narnensis de doctrina promiscua liber. *Florentiæ, L. Torrentinus*, 1548. Pet. in-8, mar. vert fil. tr. dor. (*Anc. rel.*).

141. **Galerie de Dresde.** Recueil d'estampes d'après les plus célèbres tableaux de la Galerie de Dresde. *Dresde*, 1753-57. 2 vol. très-gr. in-fol., cart.

Exemplaire royal, avec les deux portraits. Premières épreuves.

142. **Th. Georgi** Allgemeines Europäisches Bücher-Lexicon. *Leipzig*, 1742, 4 tomes en 2 vol. in-fol., veau f.

143. **Georgio.** Comincia la opera di architectura composta dal Excelentissimo homo Francisco de Georgio da Siena. 22 feuillets, in-fol. hauteur 28 centim., largeur 21 centim., demi-rel. vél.

Beau manuscrit inédit de la fin du XVe siècle, sur papier, avec quelques dessins à la plume. Vasari donne la vie du célèbre peintre, sculpteur et architecte. (Édition de Florence de 1568, vol. I, page 410.)

144. **Gérard.** Essai sur le goût, par A. Gérard, avec trois dissertations sur le même sujet par Voltaire, d'Alembert et Montesquieu. *Paris et Dijon*, 1766. In-12, veau marbr.

145. **Gerardi** Cremonensis viri clarissimi Theorica planetarum. (*A la fin :*) *Impressa Venetiis, per Franciscũ Renner de Hailbrun*, 1478. Pet. in-4, 20 ff. caract. ronds, fig. d'astronomie, cart.

Ce petit volume se trouve en général relié à la fin du Sacrobusto de 1478.

146. **Gongora.** Todas las Obras de Don Luis de Gongora en varios poemas, recogidos por D. Gonzalo de Hozes y Cordona. *Madrid, imprenta real*, 1654. In-4, vél.

Édition originale sous cette date. Cat. Salva, nº 643.

147. **Gradich** (Basilio). Libarze do dievickoga bitya ukom se tomase sua kolika poglauita miesta staroga, i nouoga sakana koia od dicus tua gouore, etc. *In Venetia, Dom. et Gio. Batt. Guerra*, 1567. Petit in-8, 185 pages, un feuillet pour la souscription et un feuillet blanc, cart. dos de toile.

148. **Gramondus** (Barth.). Historiarum Galliæ, ab excessu Henrici IV, libri XVIII. Quibus rerum per Gallos tota Europa gestarum accurata narratio continetur. *Amstelodami, apud Ludovicum Elzevirium*, 1653. In-8, cart.

Exemplaire absolument non rogné.

149. **Graves** Observations sur les bonnes mœurs, faites par le Frère Paul, hermite de Paris. *De l'imprimerie de l'Hermite*, 1779. In-12, broch.

Poésies assez libres.

150. **Gresemundus** (Theod.). Historia violatæ crucis, heroicis versibus conscripta. *S. l. et a.* (*Argentorati*, 1512). In-4, caract. r. parch.

16 ff. avec une belle gravure sur bois au titre.

151. **Grose.** Principes de caricature, suivis d'un Essai sur la peinture comique, par F. Grose. *Leipzig, s. d.* In-4, 29 planches, cart.

152. **Guerra** (la) ‖ del Piamonte con lasse ‖ dio di Vuipiano, et gli assalti, scaramuzze, et brugia ‖ menti, fatti con la presa di molti Castelli e Citta, da Monsignor di Ber- ‖ sacho Generale del christianissimo Re di Franza. *S. l. n. d.* In-4, 4 ff. Armes de France, grav. en bois sur le titre, cart.

153. **Guida** di Padova e della sua provincia. *Padova, coi tipi del Seminario*, 1842. Gr. in-8, nombreuses planches, cart.

154. **Haller** (A. de). Les Alpes. *Berne, Société typographique*, 1795. In-4, vignettes et culs-de-lampe par Duncker, cart.

155. **Heideloff.** Deutsches Fürsten-und Ritter-Album der Marianischen Ritterkapelle in Hassfurt. *Stuttgart*, 1868. In-4, fig. et blasons en or et couleurs, cart.

156. **Henri III.** Canto di Nereo secondo l'antica maniera di Pindaro. In lode del Christ. Re di Francia, et di Polonia, Henrico III (da Giac. Thiepoli). *Venetia*, 1574. In-4, 14 ff. cart.

157. —— Canto di Nereo secondo l'antica maniera di Pindaro. In lode del Christ. Re di Francia e di Polonia, Henrico III, da Giac. di Toscana. *Siena, M. Florini*, 1602. In-4, broch. non rogn.

158. —— Harangue faicte et prononcée de la part du roy le 10e jour du mois d'avril 1573, par... Jehan de Montluc... en l'assemblée tenue à Warssauie, pour l'élection du nouveau roy après le decez du Sér. Sigismond-Auguste. *Paris, J. Richer*, 1573. Pet. in-8, 70 ff. cart.

Armes de Pologne au verso du titre.

159. —— Le sapientissime et caritative ammonitioni et essortationi del Chr. Re di Francia et di Polonia, fatte alle contumaci sudditi suoi nella entrata del Regno suo di Francia. *Venetia, Viani*, 1574. 4 ff. in-4 cart. non rogn. ni coupé.

160. —— In Henrici III, Galliæ regis et Poloniæ, felicem reditum, versus, in fronte Domus publicæ Lutetiæ urbis ascripti, quo die supplicationes et ignes solemnes publico conuentu celebrati sunt. 14 sept. 1574. Urbis iterum præfecto Jo. Charonæo. Ant. Jo. Aurato (en latin et françois). *Parisiis, ex off. Fr. Morelli*, 1574. Pet. in-4, cart.

La traduction française est d'Ant. de Baïf.

161. **Henri IV.** La felicissima incoronatione del Christ. Re di Francia e di Navarra, Henrico IV, fatto dal Sant. Papa Clemente VIII. Di Mutio Piacentino Furlano. *Bologna, heridi di G. Rossi*, 1595.—Capitoli delle conditioni della pace fra gli prenc. Henrico IV et Philippo II. *Ferrara, Baldiui*, 1598. In-4, cart.

162. —— Orazione di D. Cris. Talenti, monaco di Vallombrosa, nella morte d'Arrigo IV, Re di Francia e di Navarra. *Bergamo, Comin Ventura*, 1610. In-4, titre, dédicace à Louis XIII. 38 pages et 2 ff. de table, cart. non rogné.

163. **Hérissant** (A.-P.). Éloge historique de J. Gonthier d'Andernach, médecin ordinaire de François Ier. *Paris, J.-T. Hérissant*, 1765. In-12, br. (*Piqûre dans la marge du haut.*)

164. **Herrad von Lansberg,** Aebtissin zu Hohenburg, oder St Odilien im Elsass (H. de L., abbesse de Sainte-Odilie, en Alsace, au XIIe siècle. et son ouvrage : Hortulus deliciarum. Document pour l'histoire des sciences, de la littérature, des arts, coutumes, armes et mœurs du moyen âge, publ. par M. Engelhardt). *Stuttgart*, 1818. 1 vol. in-8 et atlas gr. in-fol. demi-rel. dos de toile, non rogné.

L'atlas donne des *fac-simile* du célèbre manuscrit de Strasbourg, aujourd'hui perdu. C'est un des plus curieux monuments du moyen âge concernant les arts et les sciences.

165. **Histoire comique** de Francion, où les tromperies, les subtil tez..... et tous les autres vices de quelques personnes de ce siècl sont representez (par Ch. Sorel ou de Moulinet). *Paris, P. Billai* 1630. Pet. in-8, vél.

Exemplaire rempli de témoins. Cette édition ne porte pas de nom d'auteur

166. —— de deux illustres infortunez (Cornifix, comte d'Ulfeld), nouvelle historique et véritable. *Sur l'imprimé à Paris*, 1681. Pet. in-12 cart. dos de toile.

Rare.

167. —— de l'Académie françoise depuis son établissement jusqu'à 1652, par Pélissõn (et depuis 1652 jusqu'à 1700, par l'abbé d'Olivet). *Paris, Coignard*, 1730. 2 vol. in-12, veau marbr.

168. —— (la vraye et entière) des troubles et choses mémorables advenues, tant en France qu'en Flandres et pays circonvoisins, depuis l'an mil cinq cent soixante-deux. *Basle, Barth. Germain*, 1578. 2 tomes en 1 vol. pet. in-8, vél.

169. **Historia** de las guerras civiles de Granada (por G. Perez de Hita). *Paris*, 1606. In-8, veau br.

La dédicace à la marquise de Verneuil est signée *Fortan*. Le volume contient beaucoup d'anciennes romances chevaleresques.

170. **Historien** der Königkreich, Hispanien, Portugal und Aphrica. Aus dem Italienischen durch Alb. Fürsten in das Hochteutsch gebracht. *München, A. Berg*, 1589. In-fol. goth., grav. en bois, peau de truie, gaufr. ferm.

Contient l'histoire de Don Sébastien et de Don Antoine (le faux Sébastien).

171. **Hœfnagel** (G.). Très-belle miniature sur peau de vélin, datée de 1576, représ. un cheval brun. In-4, obl.

Cette miniature provient du célèbre album peint par Hœfnagel, pour l'empereur Rodolphe II, qui avait promis à l'artiste l'énorme somme de 4000 couronnes d'or pour l'exécution d'un album de 227 peintures.

172. **Hœnig** (C.). De Henrico VIII, Angliæ rege, post obitum Maximiliani I adfectante, dissertatio. *Lipsiæ, Breitkopf*, 1756. In-4, cart.

173. **Hongrie.** Discurs oder Bedencken von jetzigen Ungerischen Kriegswesen, durch J.-C. von Frideneberg. S. *l.*, 1597. In-4, cart.

174. —— A Journal of the siege and taking of Buda by the imperial army, anno dom. 1686. By Jacob Richards. *London, Gilliflower*, 1687. In-4, front. gr. veau f. fil.

Richard, ingénieur dans l'armée, était envoyé par lord Darmouth à l'armée du duc de Lorraine.

175. **Incomincia** il devoto transito del Glorioso Sancto Hieronymo, ridocto in lingua Fiorentina. *Firenze, Francesco Bonacorsi*, 1490. Pet. in-4, car. r., cart.

176. **Institutioni** (le) dell' imperio contenute nella bolla d'oro. *Nell' Academia Venetiana,* 1559. In-4, cart. en toile.

Quoique tiré à 325 exemplaires, ce volume, qui fait partie de la collection aldine, est devenu fort rare. (Renouard, *Annales des Aldes*, p. 274.)

177. **Instruction** pour élever, dresser, instruire et panser toutes sortes de petits oiseaux de volière. Avec un petit traité des maladies des chiens. *Paris, Ch. de Sercy,* 1697. 2 part. en 1 vol. in-12, fig. veau br.

Avec le traité du *Rossignol.*

178. **Interiano.** Ristretto delle historie Genovesi di Paolo Interiano. *In Lucca, per il Busdrago,* 1551. Pet. in-4, 234 ff. chiff. (le dernier par 233). Splendide front. grav. en taille-douce, vél.

Magnifique exemplaire. Christophe Colomb et ses découvertes se trouvent mentionnés au feuillet 227.

179. **Isolanis** (Isidorus de). Gestorum ac laudum urbis mediolanensis, totius Galliæ cisalpinæ metropolis, Epithoma. *S. l.,* 1514. Pet. in-4, 16 ff. grav. en bois au verso du titre, cart.

Bel exemplaire d'un petit volume dédié à Odet de Foix, vicomte de Lautrec, gouverneur du roi en Italie.

180. **Jacobus** de Clusa. Tractatus peroptimus de animabus exutis a corporibus, editus a fratre Jacobo doc. ordinis carthusiensis ertfordie. *Patavii (I. Alakraw et B. Mair),* 1482. In-4, goth. 22 ff. cart. (*La dernière page un peu tachée.*)

Hain, 9950. Le premier cahier contient les sign. A. B. C. D., avec 4 ff. correspondants : le second cahier, E. F. G. H., et le dernier les sign. I. K. L. Un des premiers livres imprimés à Passau.

181. **Joecher.** Allgemeines Gelehrten-Lexicon. (Dictionnaire des savants de tous les peuples du monde.) *Leipzig,* 1750-51. 4 vol. in-4, veau f. (*Anc. rel.*)

Excellent dictionnaire biographique et bibliographique.

182. **Jombert.** Méthode pour apprendre le dessin. *Paris, Cellot,* 1784. In-4, 10 planches, cart.

183. **Journal** de tout ce qui s'est passé à la mort d'Izabel de Bourbon, reine d'Espagne, ensemble les derniers (*sic*) paroles qu'elle a proferez. *Paris, Beauplet,* 1644. In-4, 2 ff. br.

184. **Jovius.** Descriptio Britanniæ, Scotiæ, Hyberniæ, et Orchadum. *Venetiis, apud Michaelem Tramezinum,* 1548. — De fœnore Judæorum, F. Sixti Medices libri tres. *Venetiis,* 1555. 2 vol. en un. In-4, cart.

Exemplaires non rognés. Légère mouillure.

185. **Jus** potandi, disputatio præsidente Dionysio Baccho, exponente Blasio Multibibo. *Œnozythopoli, ad signum oculorum rubicolorum,* 1681. In-4, cart.

Facétie rare.

186. **La Chambre**. Nouvelles Pensées sur les causes de la lumière, du débordement du Nil et de l'amour d'inclination, par le sieur de la Chambre. *Paris, P. Rocolet*, 1634. — Nouvelles Conjectures sur la digestion, par le sieur de la Chambre. *Paris*, 1636. In-4, veau f. fil. tr. dor. (*Aux armes.*)

187. **Lacroix**. Bibliographie moliéresque, par Paul Lacroix. *Paris, Fontaine*, 1875. In-8, portrait, demi-rel. mar. rouge non rogn., tête dor.

188. **Lamartine**. Historia de la Revolucion francesa, y de la fundacion de la República, trad. por Fr. Orgaz. *Madrid*, 1850. 2 vol. in-8, fig. et portr. demi-rel. chagr. viol.

189. **La Serre**. Relation de tout ce qui s'est passé à l'Entrée de la reyne, mère du roy treschrestien, dans les villes des Pays-Bas. *Anvers, en l'imprimerie Plantinienne*, 1632. In-fol. front. grav. portrait de Marie de Médicis, et 3 eaux-fortes par A. Paulus, représ. les entrées à Mons, Bruxelles et Anvers, vél.

190. **Laudinii** equitis hierosolimitani ad francinum beltrandum in epistolas magni Turci prefacio. *S. l. n. a.* (*Coloniæ, circa* 1475). In-4, goth., sans chiffr. récl. ni sign., 25 lignes par page, demi-rel.

191. **Lebrun**. Œuvres choisies. *Paris, Janet et Cotelle*, 1830. In-8, portr. pap. vél. demi-rel. veau vert.

192. **Leçons** de philosophie de M. Laromiguière, jugées par M. V. Cousin et M. Maine de Biran. *Paris*, 1829. In-8, demi-rel. mar. rouge non rogn. tête dor. (*Au chiffre du prince d'Essling.*)

193. **Le Muet**. Traicté des cinq ordres d'architecture, desquels se sont servis les anciens, trad. du Palladio, augmenté de nouvelles inventions pour l'art de bien bastir. *Paris, F. Langlois, dit Chartres*, 1645. 2 part. en 1 vol. in-8 carré, fig. vél.

Volume entièrement gravé, les planches par J. Marot.

194. **Lernutii** Carmina. Elegiæ, Odæ, Epigrammata. *Antverpiæ, ex off. Chr. Plantini*, 1579. In-8, cart.

195. **Le Roy**. Ad illustr. reginam Catharinam Medicem, Francisci II matrem, Consolatio Ludovici Regii Constantini, in morte Henrici Regis eius mariti. *Parisiis, L. Morellus*, 1560. In-4, cart.

196. **Lescherius** (Paulus). Rhetorica, composita et correcta a magistro P. L. *Ingolstadii*, 1487. In-4, goth. cart. (*Notes manuscrites.*)

Premier livre imprimé à Ingolstadt.

197. **Lescot**. Illustrissimi principis Francisci Lothareni de funestissimo obitu Threnodia. *Parisiis, Th. Richardus*, 1563. In-4, cart.

Pièce en vers dont nous ne trouvons pas de mention.

198. **Lesné**. A la gloire immortelle des inventeurs de l'imprimerie, poëme par Lesné, relieur français. *Paris, imprimerie Lacrampe, s. d.* Très-gr. in-8, papier vélin, cart. non rogn.

199. **L'Hospital**. Panégyrique du roy Lovys le Juste sur la prise de Nancy, par F. de l'Hospital. *Aix, David,* 1634. In-4, cart.

200. **Libavze** velle dvhovno od molitue. I contemplanya, sniekiem napomenam duhouniem oniem ki xele duhouno xeucti; uelle potrebno, i korisno. *Venetiu, Guerra fratelli,* 1567. Petit in-8, 70 p., un feuillet pour la souscription, un feuillet pour la marque des imprimeurs, un feuillet blanc, dos de toile.

En langue illyrienne, resté inconnu à Safervik.

201. **Liet** (een nieu) van de Justicie over een Lazarus genaent Philip Boecken, die lebendigh verbrant is. *Gedruckt voor Jan Pieters, s. d.* In-4, goth. 2 ff.

202. **Locher**. Continentur in hoc opusculo a Jacobo Locher Philomuso facili syntaxi concinnato. Vitiosa sterilis Male, ad Musam, roscida lepidate predictam, Comparatio Currus sacre theologie triumphalis, etc. *Impressum Nurnberge, per Joa. Veissenberger,* 1506, pet. in-4, grandes figures sur bois, n. rel.

Pièce très-rare, citée par M. Brunet d'après le catalogue Quatremère. Quelques piqûres.

203. —— Oratio de studio humanarum disciplinarum, et laude poetarum extemporalis (Jacobi Locher Philomusi). *S. l. a.* (vers 1500). In-4, goth., 8 ff.

En prose et en vers.

204. **Lowndes**. The bibliographical Manual for english literature. *London, Bohn,* 1857-64, 11 vol. in-12, cart. en percal.

205. **Lysiæ** Fragmenta, græce et latine, cum notis, ed. Joa. Taylor. *Londini, Bowyer,* 1739, in-4, vél. cordé.

206. **Mancini** (D.). De passione domi || ni nostri Jesu Christi liber. *S. l. et a.* (*Parisiis, circa* 1490). Pet. in-4, car. ronds, 16 ff. à 37 lignes, cart.

Édition différente de celles que Hain cite.

207. **Manutius**. Antiquitatum romanarum Pauli Manutii liber de legibus. *Venetiis, Aldus,* 1557. In-fol. vél. blanc.

Magnifique exemplaire, en grand papier.

208. **Mareno** (Pietro). Compendio della stirpe di Carlo Magno et Carlo V, Imperatori, nel quale si comprende de uariatione i regni, et altri grandissimi accidenti che nel mondo sono occorsi. *Venetiis, apud Bernardinum de Bindonis* (1545). Petit in-8, VIII ff. prél. dont le dernier blanc et 84 ff. chiffr. demi-rel. vél.

209. **Marie d'Angleterre.** La Vera Capitula || tione, e articoli passati e conclusi infra il serenissimo || Philippo, principe de'Ispagna, e la serenissima Re || gina Maria d'Inghilterra, con il consenso de || principi Baroni e Popoli del detto Re- || gno congregati insieme nella incli- || ta citta di Londra. *S. l.*, 1554, in-4, 4 ff. grande gravure en bois au verso du titre.

Bel exemplaire. Sur le titre les armes d'Espagne et d'Angleterre.

210. —— Seconda || lettera copiosissima, || dell' honoratissimo sponsalitio fatto in Inghilterra || dal Prencipe di Spagna, con quela || Serenissima Regina. || Doue a parte per parte, si narrano le gran pompe, ceremonie, che || si sono fatte in si celebratissime Nozze. || (Datta in Vincestre l'ottavo d'Agosto M. D. LIIII.) *In Milano, dalla stampa de i Moscheni* (1554), in-4, 6 ff. armes d'Espagne gravées en bois sur le titre, cart. non rogné.

211. —— Franc.-Petr. Nigri, Britonnicar. Nuptiar. libri tres. *Mediolani, ex typogr. Moscheniana,* 1559. Pet. in-4, 118 pages et 1 feuillet blanc, cart.

Sur le titre les portraits de Philippe II, comme roi d'Angleterre, et de la reine Marie. Mouillures dans la marge du bas.

212. **Marie-Antoinette.** Plein Pouvoir au marquis de Durfort pour régler et signer les articles du mariage de Monseigneur le Dauphin avec la princesse Marie-Antoinette, archiduchesse d'Autriche, et pour assister à la célébration du mariage. Daté de Versailles le 25e jour du mois de mars 1770. Signé : *Louis* et contre-signé : *Duc de Choiseul*. 3 pages in-fol. *Avec le sceau royal.*

Document original. Magnifique pièce sur PEAU DE VÉLIN.

213. **Marsi** (Joh.) Harmonii, comedia Stephanium urbis Venetæ genio publice recitata. *Venetiis, per Bernardum Venetum de uitalibus, s. a.* (*circa* 1500). In-4, 22 ff. car. ronds, cart.

Pièce rare, 52 fr. chez Soleinne. Léger raccommodage au dernier feuillet.

214. **Martyre** et cruelle mort du vénérable prieur des jacobins de Paris, faict à Tours, par le commandement du relaps héréticque Biarnois..... Ensemble la cruauté exercée envers une dévote dame et sa chambrière, dans ladicte ville de Tours. (*Lyon, Patrasson*, 1590). Pet. in-8. 12 pages et 2 ff. blancs, non rel.

Le bas du titre est coupé.

215. **Mas** (Diego). Historia della vita, miracoli et canonizatione del B. P. Giacinto de natione Pollacco. *Napoli, stamperia a Porta Reale*, 1601. Portr. au verso du titre, vél.

216. **Mausoleum** potentiss. regni apostolici regum et primorum militantis Ungariae ducum, vindicatis ex mortuali pulvere. *Norimbergæ*, 1663, in-fol. grand nombre de portraits en pied, grav. en taille-douce, vél.

217. **Médecine**. Thomæ Philologi de vita hominis ultra 120 annos protrahenda. *Venetiis, Arrivabenus*, 1560. — Hier. Gabucinii de comitiali morbo libri III. *Venetiis, Aldus*, 1561. — J. Planerii Quintiani febrium omnium simplicium divisio. *Venetiis, Jac. Vitalis*, 1574. J. Delphini in III Galeni artis medicinalis lib. explanatio. Eiusdem de ratione medicamentorum præscribendorum liber. *Venetiis, F. Comotius*, 1557, 2 part. — 1 vol. in-4, vél.

Curieux recueil, et magnifique exemplaire.

218. **Mémoires** de **M. D. L.** R., ou la Minorité de Louis XIV. *Villefranche, à la Sphère*, 1690, in-12, bas.

219. **Menestrier**. Philosophia imaginum, id est sylloge symbolorum amplissima. *Amstelodami et Gedani, Janssonio-Waesbergii*, 1695. Pet. in-8, jolies grav. en taille-douce, vél.

220. **Menno Simon**. En waerachtig verhaal der t'zamensprekingen tusschen Menno Simons eñ Martinus Mikron van der Menschwerdinghe Jesu Christi. *Embden, by Gellium Etematium*, 1556. Pet. in-8, goth. 16 ff. et 352 pages, cart. (*Titre un peu sali.*)

221. **Menou**. Les Soupers de la cour, ou l'Art de travailler toutes sortes d'aliments, pour servir les meilleures tables, suivant les quatre saisons. *Paris, Guillyn*, 1755. 4 vol. in-12, bas.

222. **Mer des histoires**. Le premier volume de la Mer des histoires. Auquel et le second ensuyvant est contenu tant du vieil testament que du nouveau toutes les hystoires, actes et faictz dignes de memoire. puis la creation du monde jusques en l'an mil cinq cens. *On les vend à Paris... par Oudin Petit, s. d.*, 2 part. gothiques. — Tiers livre de la fleur et mer des histoires, par Jehan le Gendre Aurelianoys, commençant l'an 1535 et continuant jusques en l'année 1551. *Paris, Oudin Petit*, 1550, caract. ronds. — 1 vol. in-fol. nombreuses grav. en bois, veau br.

223. **Merangis** de Portlesguez. Roman de la Table ronde, publ. par H. Michelant. *Paris*, 1869, gr. in-8, 19 gravures en bois, chaque page entourée d'un filet rouge, demi-rel. maroq. rouge non rogné, tête dor.

Exemplaire sur papier Whatman.

224. **Merlo**. De Familie Jaback en Köln und ihre Kunstliebe, von J.-J. Merlo. *Koln*, 1861, in-8. 2 pl. broch.

225. **Méry**. La Théologie des peintres, sculpteurs, graveurs et dessinateurs, par l'abbé Méry. *Paris, de Hansy*, 1765, in-12, veau marbr.

226. **Michaelis** Serta honoris et exultationis. *Coloniæ, Gerv. Galenius et hæredes Joa. Quentelii*, 1589. In-16, fig. sur bois, vél.

Curieux volume, dont les pages sont imprimées en des bordures ovales tirées à l'encre verte.

227. **Mone**. Uebersicht des niederlandischen Volks Literatur älterer Zeit, von F.-J. Mone. *Tubingen*, 1838, in-8, cart. dos de toile, non rogné.

228. **Monnaies**. Beldenau ofte Figuerboeok. Ordonnantie van den 4 Augusti 1586. *Amstelredam, Cornelis Claesz* (1586). In-16 carré, goth. nombreuses monnaies, grav. en bois, cart.

229. **Montanus**. Odarum spiritualium liber. *Argentorati, ex ædibus Schuverii*, 1513, in-4, caract. ronds, cart.

230. **Morante** (el marqués de). Nueva Disertacion acerca de un fragmento de Afranio, por D. Raimundo Miguel y el marqués de Morante. *Madrid, Aguado*, 1864. Gr. in-8, 113 pages, br.

231. **Mori A.** Poemata. *Parisiis, O. de Varennes*, 1669. in-4, veau br.

232. **Munster**, Seb. Compositio horologiorum in plano, muro, truncis, anulo, concauo, cylindro et uariis quadrantibus cum signorum zodiaci et diversarum horarum inscriptionibus. *Basileæ, in officina Henrici Petri*, 1531. In-4, fig. en bois, cart. (*Tache jaune dans la marge du fond.*)

233. **Musæi** Opusculum de Herone et Leandro (græce et lat.) *Parisiis, C. Wechel*, 1548. In-8. fig. en bois. cart. non rogné.

Avec une version interlinéaire et des notes mss. de la main de Nic. de Nancel.

234. **Musique**. Fux. Gradus ad Parnassum, sive manuductio ad compositionem musicæ regularem, auct. J. Fux. *Vienne*, 1725. In-fol. front. grav. et musique, bas.

235. —— Élémens de musique théorique et pratique, suivant les principes de M. Rameau, éclaircis, développés et simplifiés par M. d'Alembert. *Lyon*, 1779. In-8, musique, cart. non rogn.

236. —— Traité sur la musique et sur les moyens d'en perfectionner l'expression, par Pileur d'Apligny. *Paris*, 1779. In-8, br.

237. —— Madrigali di Cimarosa. In-4 obl. musique notée, maroq. rouge à comp. tr. dor. (Anc. rel. aux armes.)

Beau manuscrit du commencement du XVIIe siècle, 200 ff. Au commencement de chaque madrigal on trouve une grande initiale or, ornementée, dessinée à la plume.

238. —— Continuo. Madrigali concertati a due tre e quatro voci, di G. Sabbatini. *Venetia, Vincenti*, 1636. Cahier in-fol.

239. —— Le Troc, opéra comique (par Parin de Hautemer). *Paris, Duchéne*, 1756, in-8, texte et musique grav. veau marbr.

240. **Naturales** questiones an||tiquorum philosophorū || tractātes de diversis ge || neribus ciborū ꝛ po || tus que hūane || nature saniora atque ēducibi || liora sunt. *Impressum in Colonia apud conuentū pre-*

|| *dicatorum per me Cornelium de Zyrychzee, s. a.* Pet. in-4, goth. 10 ff. cart.

Non cité par Hain.

241. **Nidepontanus** (Jo. et Laur. Frisius). Sudoris anglici exitialis pestiferique morbi ratio, præservatio et cura. *Argentorati, J. Knoblouchius,* 1529. In-4, fig. sur bois au titre, cart.

Les deux auteurs exerçaient la médecine à Metz ; leurs écrits sont d'une grande rareté.

242. **Niger.** Traiectus Maximiani Boemiæ regis ex Hispania in Italiam Francisco Petreio Nigro auctore. (*Mediolani,* 1551), pet. in-4, cart.

243. **Notice** et dissertation sur Provins : est-il l'Agendicum des Commentaires de César? *Provins,* 1820. In-8, d.-rel.

244. —— historique sur le commerce et la navigation de la mer Noire (par A. Anthoine de Marseille). *Paris,* 1807. In-8, bas. marbr.

245. —— Sur la chapelle de Saint-Louis, érigée par le roi Louis-Philippe sur les ruines de l'ancienne Carthage près de Tunis. *Paris,* 1841. Gr. in-4, fig. d.-rel. mar. vert.

246. **Notizie** spettanti al capitolo di Verona, raccolte da G. Lombardi. *Roma, Salomoni,* 1752, in-8, cart.

247. **Ombre** (l') de Charles-Quint apparue à Volcart. *Cologne,* 1688. — Dialogue des rois Louis XI et Louis XII dans les Champs-Élysées ; image de deux règnes. *Jouxte la copie à Paris,* 1691. — L'Ombre du marquis de Louvois consultée par Louis XIV. *Cologne, P. Marteau.* 1692. — Le Marquis de Louvois sur la sellette, criminel examiné en jugement par l'Europe (en vers). *Cologne, P. Marteau,* 1695. Front. grav. Et d'autres pièces. Pet. in-12, bas.

Pièces grandes de marges. Hauteur : 131 millimètres.

248. **Opoix.** Théorie des couleurs et des corps inflammables, et de leurs principes constituant la lumière et le feu. *Paris,* 1808, in-8, demi-rel. veau rouge.

249. **Oratio** de sententia christ. regis. scripta ad serenissimos viros, universosque sacri Imperii ordines Spiræ conuentum agentes. *Parisiis, ex off. Rob. Stephani,* 1554. 28 ff. — Aduersus Jacobi Omphalii maledicta, pro rege Francorum Christ. defensio. *S. l. et a.* 20 ff. 2 vol. en un, in-4, cart.

Avec la signature autographe de J. Fischartus, dictus Mentzer, 1567. Les autographes de Fischart sont très-rares.

250. **Orationes** variorum de pontificiis sacris, 1484-1596. 22 pièces en 1 vol. in-4, vél.

B. Carvajal oratio in die circumcisionis 1484. — G. de Perertis oratio habita 26 Aug. 1484 de eligendo Pontifice, etc., etc.

251. **Ordine** militare (del real) di S. Giorgio della Riunione. *Napoli, stamperia reale*, 1853. In-4, 4 grandes planches, cart. en toile.

252. **Ordonnance** et edict de Lempereur Charles le Quint, renouvellé à Bruxelles le xxvij[e] de may M.CCCCC. cinquante, sur le port et vsaige des draps de soye. *Louvain, Geruais Sassenus*, 1550. In-4, 4 ff. caract. ital. cart.

253. **Origanus** (Dav.). Ephemerides novæ annorum XXXVI, 1595-1630. *Francofurti ad Viadrum*, 1599. In-4, bas. fol.

254. **Origine**, progression et qualification de l'église de Baardwyk, revenus de l'église, obituaire, etc., 1409. In-fol.

Manuscrit sur vélin.

255. **Ovidii** Metamorphoses, cum luculentissimis Raph. Regii enarrationibus. *Venetiis, Tacuinus de Tridino*, 1518. — Ovidii Nasonis liber de Tristibus, cum B. Merulæ additionibus. (*Venetiis*, 1518), 1 vol. in-fol. rel. en bois.

Nombreuses gravures en bois dont une (aux Métamorphoses) a été coupée. D'autres pièces dans le même volume.

256. —— Métamorphoses d'Ovide en rondeaux (par Benserade). *Amsterdam, P. Mortier*, 1697. 2 vol. pet. in-8, fig. veau br.

257. —— XV discours sur les Métamorphoses d'Ovide, par N. Renouard. *Paris, veufue M. Guillemot*, 1614.—Le Jugement de Pâris. *Paris*, 1614. 1 vol. in-8, fig. de Léonard Gaultier, vél.

258. —— Ovidii Nasonis Amatoria. *Basileæ, ex officina Henricpetrina*, 1568. Pet. in-8, peau de truie.

Nombreuses figures sur bois.

259. **Pancirol** (G.). Livre premier des antiquitez perdues, acc. d'un second des choses nouvellement inventées, par Pierre de la Nove. *Lyon, Gaudion*, 1617. In-12, vél.

Volume curieux. Exemplaire mouillé.

260. **Panzer.** Conspectus monumentorum typographicorum sæculi decimi quinti, opera G. W. Panzer. *Norimbergæ*, 1797. In-4, cart. dos de toile non rogn.

Volume de table pour le grand ouvrage des Annales. Ce volume manque à beaucoup d'exemplaires.

261. **Pas** (Crispin de). Illustriss. Juliacensium, etc., Principum tabula genealogica. *Coloniæ Agrippinæ*, 1610. Pet. in-fol. parch.

12 planches et portraits finement gravés.

262. **Passerat**. Hymne de la paix, par J. Passerat, Troyen. A Alphonse Delbene, abbé de Haultecombe. Auec le commentaire de M. A. *Paris, Gabr. Buon*, 1563. Pet. in-4, 10 ff. cart.

263. **Patin** (Guy). Lettres choisies, dans lesquelles sont contenues plusieurs particularités historiques sur la vie et la mort des savans

de ce siècle, sûr leurs écrits et plusieurs autres choses curieuses depuis l'an 1645 jusqu'en 1672. *Cologne, Pierre du Laurens*, 1692. 3 vol. in-12, bas. marbr.

264. **Penhouet.** Lettres sur l'histoire ancienne de Lyon. *Besançon*, 1818. In-4, fig. grand pap. br.

265. **Perez.** Las Obras y relaciones de Anton. Perez. *S. l.* (*Geneva*), *imprimido por Pietro Chouet*, 1654. In-8, XIV ff. prél. et 1126 pages, cart. non rogné (*Légère mouillure.*)

266. **Perrier (F.).** Segmenta nobilium signorum et statuarum Romæ existentium. *Paris, veufue Perrier*, 1638. In-fol. nombreuses planches bas.

D'autres planches ajoutées.

267. **Petrarca** (il), con l'espositione d'Alessandro Velutello. *Venezia, al segno de la Speranza*, 1550. In-8 vél.

268. **Philippi II** Edictum de librorum prohibitorum catalogo observando (en français, flamand et latin). *Antverpiæ, ex officina Chr. Plantini*, 1570. — Index librorum prohibitorum. *Antverpiæ, Chr. Plantinus*, 1570. 1 vol. pet. in-8, demi-rel. chagr. vert.

Annales plantiniennes, page 101-102. Titre taché.

269. **Picolomini.** Testamentum Jacobi Pico- || lomini Cardinalis Papiensis, ad memo- || riam humanæ imbecillitatis et fu- || nebrium impensaru contem- || ptum, pie et prudenter || lectores insti- || tuens. *S. l. et a.* (*circa* 1524). Pet. in-4, 4 ff., cart.

270. **Picus Mirandula.** Compendium sententiarum præclarissimarum adversus astrologiam et ejus fautores. *Impressum Mutine, per D. Rocociolum, s. d.* (*circa* 1500). Pet. in-4, cart.

Bel exemplaire, avec le premier et le dernier feuillet blancs.

271. —— Pici Joannis Mirandulæ domini et Concordiæ comitis, de rerum prænotation. libri novem, pro veritate religionis : De fide. De morte Christi. De studio philosophiæ. De divini amoris imaginatione. Liber de vita Jo. Pici paterni. De uno et entr. Epistolæ, etc., etc. *Argentorati, Jo. Knoblochus imprimebat*, 1507. 6 part. en un vol. in-fol. blanc.

Légère mouillure dans la marge du haut.

272. **Pièces** historiques (environ 60), des règnes de Henri III, Henri IV et Louis XIII. In-8.

On trouve dans cette réunion des pièces rares, imprimées en général à Paris.

273. **Pieters.** Annales de l'imprimerie des Elzeviers, par Ch. Pieters. *Gand*, 1858. In-8, demi-rel. mar. br. tr. peigne.

274. **Plantsch.** Opusculum de sagis maleficis (ad Dei laudem eruditionemq. simplicium, multipliciter ob maleficia incantatorum atq.

phytonissarum, contra Deum murmurantium, ac sæpe in perditionem animarum suarum agentium. Tubingæ publice populo insin. Anno M. D. V. quo malefica quædam illic ignis supplicio fuit consumpta), Martini Plantsch. Cum præfat. Io. Bebelii. *Phorcæ, in ædibus Th. Anshelmi, impensisq. Sigismundi Stir, civis Heilsprunnensis*, 1507. In-4, car. ronds, cart.

275. **Plaquettes** (34) italiennes, relatives aux mœurs, coutumes, etc., 1541-1797. In-4.

Curieuse collection.

276. **Plutarque**. Aureus Plutarchi Libellus de educatione liberorum. Petit livret de Plutarche, de la nourriture des enfants, translaté en françois et déclaré. Das güldene Büchlein Plutarchi von der Kinderzucht. Autore Th. Vietore. *Lichæ Solmiorum*, 1598. Pet. in-8, vél.

En grec, latin, français et allemand. Ce volume, imprimé dans une petite localité de la Hesse, est extrêmement rare.

277. **Pluvinel**. Instruction du roy en l'exercice de monter à cheval, par messire Antoine de Pluvinel. *Paris, M. Nivelle*, 1625. In-fol. fig. en taille-douce, par Crispin de Pas, demi-rel. maroq. rouge.

278. —— L'Escuyer françois, contenant l'exercice de monter à cheval, ensemble le manege royal, par les sieurs de Pluvinel et Charnizay. *Paris, Loyson*, 1671. In-12, fig. veau.

279. **Porta**. Della Fisionomia dell'huomo del Sign. G. B. Porta libri sei. *Venetia, Tomasini*, 1644. In-4, fig. sur bois, vél.

280. **Premier** (au cinquième) factum, ou défenses de Messire Philippe de la Mothe-Houdancourt, duc de Cardonne, ci-devant vice-roy et capitaine général en Catalogne. *Paris*, 1649, et autres pièces sur le même sujet, en 1 vol. in-4, veau marbr. (*Aux armes.*)

281. **La** || **Presa** del || Pignone, et l'ordine || che ha tenuto la Maestà del Re Filippo || a prenderla, et il numero delli solda || ti con le nomi et co- || gnomi delli Capitani, || etc. *Milano*, 1564. In-4, 4 ff. cart.

282. **Ptolemeus**. Liber quadripartiti Ptolemei, id est quattuor tractatuum : in radicanti discretione per stellas de futuris in hoc mundo constructionis et destructionis contingentibus. *Impressum in Venetiis, per Erhardum Ratdolt de Augusta. Die 15 mensis Januarii*, 1484. In-4, goth. à 2 col. cart. non rogné.

Magnifique exemplaire avec le premier feuillet, qui, blanc au recto, ne contient au verso qu'une constellation. Cet exemplaire offre la particularité que l'on a tiré en rouge sur la dernière page blanche 5 lignes d'une édition des décrétales.

283. —— Ptolemæi Alexandrini omnia quæ extant Opera præter Geographiam, latine ab Erasmo Osualdo Schreskenfuchsio illustrata. *Basileæ, in off. Henrichi Petri*, 1551. In-fol. fig. géom. parch.

284. **Raimondi** (Eugenio). Le Caccie delle fiere armate e disarmate, et de gl' animali quadrupedi, volatili et acquatici, opera nuova et curiosa. *Brescia, Bartolomeo Fontana*, 1621. In-8, fig. en bois, cart. non rogné ni ébarbé.

Première édition, ornée de jolies et nombreuses gravures.

285. **Recueil** de pièces intéressantes pour servir à l'histoire de France. *Genève*, 1769. In-12, veau marbr.

286. **Reddition** de la ville d'Amiens à Sa Majesté le 25 septembre, 1597. *Lyon, Th. Ancelin*, 1597. Pet. in-8. 21 pages, cart. (*Court de marges.*)

287, **Regiomontanus**. Epitoma Joannis de mõte regio in almajestũ ptolemei. (A la fin :) Impensis non minimis : curaqȝ ꝛ emendatione non mediocri virorum prestantiũ Casparis Grosch : ꝛ Stephani Roemer. *Opera Johannis hãman de Landoia : dictus Hertzog expletum. Venetiis*, 1496. In-fol. goth. fig. de géométrie sur les marges, cartonné.

Volume très-bien imprimé. Le verso du troisième feuillet est occupé par une charmante gravure en bois, avec les portraits de Ptolémée et de Regiomontanus. Bel exemplaire, presque non rogné, ayant quelques légères piqûres à la fin.

288. **Relatione** del viaggio della S. C. R. Maestà Leonora, nell'accomp. la Ser. Leonora sua figlia, alle nozze reali de Polonia. Fedelm. descritta da Zeffini. *Venetia, P. Pinelli*, 1670. in-4, 4 ff. cart.

289. **Reutter** (Léon). Die Geschichten und ritterlichen Thaten sampt des Dreitzehen Heerzügen und Begrebnus des ... Moritzen Hertzogen zu Sacchssen *S. l.* 1553. Pet. in-4, 8 ff. cart.

Pièce en vers.

290. **Révolution** de 1789. Affiches, ordonnances, décrets, brochures diverses, 39 pièces in-fol. in-4 et in-8, broch.

91. **Rimman**. L. Ein neuve Prophecey von disem gegenwertigen Jare 1526. Ein Prophecey über alle Propheceyen. (*Leipzig*), *W. Stöckel*, 1526. In-4, grav. en bois au titre, cart.

292. **Rois de France**. Iconologia Regum Francorum, das ist Ein eigentliche Abconterfettung aller Könige in Franckreich, von Pharamundo an bisz auff Henricum 4. Borbonium Durch Virgilium Solis vnd Justum Amannum. *Zu Coeln, bey Johan Büchsmacher*, 1598. Pet. in-4, portraits à l'eau-forte entourés de jolies bordures, vél.

Exemplaire d'une conservation parfaite, assez bien d'épreuves.

293. **Romanellus** (Ant.). Ecloga Metrophilus et Philartus. *S. l. et a.* (*Bononiæ, circa* 1485). In-4, 6 ff. belle grav. en bois à la première page, cart.

Non citée par Hain.

294. **Roseum** memoriale diuinorum eloquiorum cōpilatum per Fratrem Petrum de Rosenheim, monachum monasterii Mellicensis ordinis Sancti Benedicti. *S. l. et a.* (*circa* 1475.) In-4 goth. 48 ff. dont le premier blanc, sans chiffr. récl. ni sign. cart.

Édition très-rare. Hain, Repertorium, 13900. Ce poëme, qui n'est pas sans mérite, a été composé en 1440.

295. **Ruffo**. Il Natale di Cristo, poemetto drammatico di Ant. Ruffo. *Messina, Maffei*, 1717. In-4, vél.

Eaux-fortes de Filocamo. Au titre une vue de Messine.

296. **Salas** Barbadillo. Don Diego de Noche. *En Madrid, por la viuda de Cosme Delgado*, 1623. Pet. in-8, parch.

Bel exemplaire d'un roman intéressant en prose et en vers. Première édition, non mentionnée dans le Manuel de Brunet.

297. **Salazar** Mardones. Illustracion y defensa de la fabula de Pirame y Tisbe, compuesta por L. de Gongora. *Madrid, imprenta real*, 1636. In-4, parch.

298. **Saluste** du Bartas (Guil.). La Semaine, texte français, avec traduction en vers allemands. *Coethen, M. Goetz*, 1631. In-8, velours viol. tr. dor. (*Rel. de l'époque.*)

Volume très-peu connu et fort rare.

299. (**Sandras de Courtilz.**) Nouveaux Intérêts des princes de l'Europe. *Cologne, Pierre Marteau* (*Hollande, à la Sphère*), 1688. In-12, réglé, mar. rouge, fil. tr. dor. (*Anc. rel.*)

300. **Sanlecque**. Gestes du prédicateur, manuscrit autographe. 11 pages in-4.

Il y a dans ce manuscrit des vers qui ne sont pas dans l'imprimé. (La moitié de la page 6 commençant au vers : Joignez vos agrémens.....

301. **San Pedro**. Petit Traité de Arnalte et Lucenda (trad. de l'espagnol de San Pedro par N. Herberay). Picciol trattato d'Arnalte et di Lucenda intitolato l'Amante mal trattato dalla sua amorosa, per B. Marraffi tradotto. *Lyon, E. Barricat*, 1555. In-16, vél.

302. **Sardini**. Congetture sopra un' antica stampa (*Gregorii Decretales*). *Firenze, Molini*, 1793. In-4, fac-sim. broch.

303. **Senault**. De l'Usage des passions. *Amsterdam, J. de Ravesteyn*, 1668. Pet. in-12, front. gr. v.

304. **Serlio**. Regole generali di architettura di Sebastiano Serlio, Bolognese, sopra le cinque maniere de gli edifici. *Venetia, Marcolini*, 1540. In-fol. fig. sur bois, veau br. à riches compart. tr. dor. (*Première reliure.*)

Magnifique reliure, richement dorée à l'instar de celles de Grolier. Sur chaque plat on trouve deux fois un écusson, trois fleurs de lis d'or sur champ d'azur, avec les initiales C. D. Nous n'avons pu découvrir le nom de l'amateur pour lequel on a relié ce splendide volume.

305. **Seyssel** (Cl. de). La Grand Monarchie de France. La loy Salicque, première loy des Françoys. *Paris, Galiot du Pré,* 1541. Pet. in-8, car. ronds, cart.

306. **Shukford** (Sam.). Histoire du monde sacré et profane, depuis la création du monde jusqu'à la destruction de l'empire des Assyriens à la mort de Sardanapale, et jusqu'à la décadence des royaumes de Juda et d'Israël sous les règnes d'Achaz et de Pekach, trad. par J.-P. Bernard. *Leyde, H. Verbeek,* 1738. 3 vol. pet. in-8, cartes, mar. olive, fil. tr. dor. (*Rel. anc.*)

307. **Solimanus** (Julius). Elogia ducum, regum et interregum qui Boemis præfuerunt. *Pragæ, typis Pauli Sessii,* 1629. In-4, cart.

Volume rare, contenant 57 portraits gravés en taille-douce, quelques taches.

308. **Sotheby.** Principia typographica. The blockbooks, or xylographic delineations of scripture history, issued in Holland, Flandres and Germany, during the XV century. To which is added an attempt to elucidate the character of the paper-marks, by Sam. Sotheby, and carried out by Sam. Leigh Sotheby. *London, W. Mac Dowal,* 1858. 3 vol. in-fol. demi-rel. maroq. non rogn.

309. **Sousa** (Luis de). Historia de S. Domingos, particolar do reino, e conquistas de Portugal. *Lisboa, Galhardot,* 1667. 4 vol. in-fol. bas.

Quelques légères mouillures.

310. **Statuti** et ordini della ven. compania e sacro Monte della Santissima Pietà della città di Novara. *Novara, Sessali* (1581). Pet. in-4, cart.

Petit volume intéressant.

311. **Stenonis** elementorum myologiæ Specimen, seu musculi descriptio geometrica. *Florentiæ,* 1667. In-4, fig. cart. non rogn.

312. **Suavio.** Operette del Parthenopio Suavio in varij tempi et per diuersi subjetti composte. *Stampato in Bari, per Maestro Giliberto Nehon Francese,* 1535. In-4, fig. en bois, parch.

Volume intéressant, d'une grande rareté.

313. **Sucquet** (A.). Der Wech des eewich Lebens. *Antwerpen,* 1648. In-8, avec 32 belles figures gravées en taille-douce par Boëtius van Bolswert, in-8, vél.

314. **Symeoni,** Dialogo pio et speculativo, con diverse sentenze latine et volgari. *Lione, G. Roviglio,* 1560. In-4, grav. en bois, cart.

Avec la carte de l'Auvergne.

315. **Tariffa** perpetua, con la ragion fatte per iscontro de qualunque mercadante si voglia. *Venetia, F. Rampazetto,* 1559. In-12, allongé vél.

316. **Tassin.** Plans et profils des principales villes de la Beaulce, de la Provence, du Dauphiné, etc. (*Paris,* 1636.) 10 cahiers (plusieurs doubles). In-4 obl. cart.

317. **Teniers** (D.). Theatrum pictorium, in quo exhibentur ipsius manu delineatæ eiusque cura in æs incisæ Archetipæ Italicæ. *Bruxellis, sumptibus autoris,* 1660. In-fol. non rel.

Bel exemplaire préparé pour la reliure, mais incomplet des planches 125 et 189.

318. **Textus** sententiarum cum commento. *Impressum Reutlingen per Michaelem Greydff.* 1490. In-4, goth. à 2 col. rel. en bois. (*Mouillé.*)

Les impressions de Reutlingen sont rares.

319. **Thurneysser von Thurn.** Des Menschen, der Sonnen, des Mons, des Martis, der Veneris, des Mercurii, des Saturni und des Jupiters Cirkel und Lauff. Nebst Constellationen, etc. S. *l. n. d.* (*vers* 1575). 8 ff. gr. in-fol. entourées de bordures allégoriques gravées en bois, avec un texte *en caractères mobiles* et accomp. de 8 ff. d'observations astronomiques pour les années 1575-1580, impr. en car. mobiles et entourées de bordures grav. en bois, du format in-fol. ordinaire.

Cette splendide publication a été gravée d'après les dessins de *Josse Amman;* l'auteur ne s'est pas nommé, mais on remarque ses armoiries dans chacune des bordures. Chaque grande planche est accompagnée de 3 grandes pièces mobiles (à l'exception de celle de l'homme, qui n'en a que deux), d'un riche dessin, gravées en bois et découpées à jour. Nous possédons également quelques autres pièces mobiles appartenant à ces feuilles, mais nous en ignorons l'usage. Les grandes planches ont été anciennement doublées ; celle qui représente le soleil a un défaut assez grave du côté droit.

M. Andresen a fait connaître, dans son Peintre graveur allemand, article Amman, 3 des grandes feuilles ; en 1869 j'en ai signalé, dans notre catalogue, n° 4999, sept. C'est tout ce que l'on connaissait jusqu'à ce jour de cette curieuse suite. E. T.

320. **Toison d'or** (la), ou Recueil des statuts et ordonnances du noble ordre de la Toison d'or. *Cologne, P. Sweitzer,* 1689. Pet. in-8, veau.

321. **Tomasi.** La Spinalba, antica historia del nuovo mondo. *Venetia, Valvasone,* 1647. In-12, cart. non rogn.

322. **Tomasinus** de tesseris hospitalitiis. *Amstelodami, Frisius,* 1670. In-12, fig. vél. dor. (*Aux armes.*)

323. **Tombeau** (le) de Mgr le duc de Mayenne, ou le Temple de la magnanimité, par le sieur Bardin (*Paris,* 1621). Les Larmes de la cour sur le trespas du tres illustre cardinal de Guise. *Paris, N. Alexandre,* 1622. — Declaration du roy en faveur de ses subiets de la religion prétendue réformée. *Paris, Morel et Mettaier,* 1621. — La Harange faite au roy par les habitants de Clerac, le 5 aoust. *Paris, P. Rocolet,* 1621. 1 vol. pet. in-8, demi-rel.

324. **Traité** des finances et de la fausse monnoie des Romains, auquel on a joint une dissertation sur la manière de discerner les mé-

dailles antiques d'avec les contrefaites. *Paris, Briasson*, 1740. In-12, veau marbr.

325. **Translatio** miraculosa ecclesiæ bea || te Marie virginis de Loreto. *S. l. n. a.* (*circa* 1500). Pet. in-8, goth. 2 ff. cart.

Au premier feuillet une curieuse gravure sur bois représentant Notre-Dame de Lorette.

326. **Tritheim.** De Operatione divini amoris, oratio habita erphordie VI kalendas septembris 1497. *S. l. n. a.* (*Magentiæ, P. Friedberg*, 1498). Pet. in-4, goth. 14 ff. cart.

327. **Triumphant** (le) Baptesme de monseigneur le Duc, Premier filz de Monseigneur le Daulphin. *S. l. n. d.* In-8, 6 ff. cart.

Tiré à neuf exemplaires, par les soins de M. L. Odorici, à Dinan.

328. **Turnout.** Incipiunt Casus breues || super totum corpus juris ciui || lis per egregium virum ma || gistrum Joāнem Turnout || alme vniuersitatis louanieñ in vtroqȝ licenciatū notanter || et optime correcti et emenda || ti necnon eorum defectus suppleti. (A la fin : Expliciunt casus breues || super toto corpore iuri || um ciuilium. *S. l. et a.* (*Memmingæ, Albert Kunne von Duderstadt, circa* 1478). In-fol. goth. 280 ff. à 2 col. dont 2 tout blancs, bas. gaufr.

Bel exemplaire, presque non rogné.

329. **Tyberinus.** Johannes Mathias Tyberinus, liberalium artium et me || dicine doctor, magnificiss. rectoribus senatui populoqȝ Brixi. || ano. Salutem ||. (De Symone puero). (*A la fin :*) Valete Trideti || Secundo Nonas aprilis. M°.cccc°.Lxxv°. || ...... Terre Roucreti miracula maxima lustrans || Hanc sedem merito Dat tibi sancte Symon. || Et sic est finis. Deo gratias ||. *S. l. et a.* Pet. in-4, goth. 4 ff. à 28 ll. par page, cart. non rog.

Pièce rarissime, imprimée vraisemblablement à Trente en 1476, Brunet, *Manuel*, V, 990.

330. **Vegius**, Maffeus. Philaletes (dialogus inter Philaletem et Veritatem). *S. l. et a.* (*Norimbergæ, circa* 1480). Pet. in-4, goth. 16 feuillets, cart.

Pièce curieuse, dont le titre ne contient que le mot Philaletes; on remarque au verso du deuxième feuillet une grande et belle gravure en bois dans le genre de Wohlgemuth. La table, qui comprend 11 pages, n'est qu'un catalogue des ustensiles des artistes et des instruments d'artisans.

331. —— Maphei Veggii Laudensis poetæ ce || leberrimi de morte Astyanactis || opus iucundum et miserabile. || (A la fin :) *Anno gratiæ.* M.CCCC.LXXV. *tertio Kalendas || Iulii. Hoc opusculum Callii impressum ĩ Tẽpore || Domini FEDERICI Illustrissimi Vrbinatium du || cis, ac sacrosanctæ Romane ecclesie Gõfalonerii.* Pet. in-fol. car. ronds, 6 ff. sans chiffr. récl. ni signat. vél.

Premier livre imprimé à Cagli. Très-bel exemplaire.

332. **Vernulæus**. Triumphus ob cæsos ad Calloam Batavos a rhetoribus collegii Porcensis celebratus. *Lovanii, J. Zegers*, 1638, in-4, cart.

En prose et en vers.

333. **Victorii** (P.) Liber de laudibus Joannæ Austriacæ, natæ reginæ Ungariæ et Boemiæ. *Florentiæ, in off. Juntarum*, 1566. In-4, rel. en toile.

334. **Villebois** (L.). Rerum in Arvernia gestarum, præsertim in Amberti et Yssoduri urbium obsidionibus anno 1577, luct. narratio. *Neoburgi, T. du Pré*, 1577. Pet. in-8, veau.

335. **Virdung**. Practica ad annum domini 1518. Magistri Joh.Virdungi de Hassfurt. *S. l. n. a.* (1517). In-4, 8 ff. gravure sur bois au titre, cart.

336. **Virgilii** Poemata novis scholiis illustrata, quæ Henr. Stephanus partim domi nata, partim e virorum doctiss. alvis excerpta dedit. *S. l. n. d.* (*Genevæ*, 1577.) In-8, IV ff. prél. 410 et 37 pages, bas.

Renouard, *Annales des Estienne*, page 142, n° 4. Exemplaire précieux, avec une *dédicace autographe de Henri Estienne* à Hieron. Wolff. Au commencement quelques soulignures. Sur les gardes le beau portrait et l'ex libris de Wolfius ; belles gravures en bois.

337. **Vivaldus**. Opus regale, in quo continentur infrascripta opuscula : Epistola consolatoria, Tractatus de laudibus ac triumphis trium liliorum quæ in scuto regis christianissimi figurantur, etc. — Epistola tota notabilis in qua multa curiosa sub brevibus tanguntur. Ad Vladislaum, Bohemiæ atque Ungariæ regem. — De magnificentia Salomonis, et an Salomon sit salvus, vel damnatus, etc. *Lugduni. Steph. Gueymard*. 1512. In-8, goth. cccxxiii ff. et 8 ff. de table, parch.

Édition rare, qui, outre un grand nombre de bordures et d'initiales historiées, contient huit grandes gravures sur bois, dont la quatrième *représente saint Louis*.

338. **Voltaire**. Recueil de pièces fugitives en prose et en vers. *Paris, sans nom d'imprimeur*, 1740. In-8, cart.

339. **Vues** de Suisse, par Duncker et Eichler. *Berne, s. d.* In-fol. oblong.

340. **Zamoiski**. De Nuptiis Joa. de Zamoscio ac Griseldis Bathorreæ, Stephani Poloniæ fratris, filiæ epistola. *Cracoviæ, in officina Lazari*, 1583. In-4, cart.

ASIE, AFRIQUE, AMÉRIQUE

341. **Abarca.** El sol en Leon, solemnes aplausos con que el rey D. Ferdinando VI, sol de las Españas, fue celebrado el dia II de Febrero del año de 1747... en la ciudad de Mexico, escribe J. M. de Abarca. *Mexico, Maria de Ribera,* 1748. 2 part. en 1 vol. in-4, parch.

342. **Acosta.** Historia natural y moral de las Indias, en que se tratan las cosas notables del cielo, y elementos, metales, plantas y animales dellas : y los ritos, y ceremonias, leyes, y gouierno, y guerras de los Indios. Compuesta por el P. Joseph de Acosta. *Sevilla, Iuan de Leon,* 1590. In-4, cart.

Édition originale, rare.

343. —— Trattati della historia, natura et virtù delle droghe medicinali et altri semplici rarissimi, che vengono portati dalle Indie Orientali in Europa. *Venetia, F. Zilett,* 1585. In-4, fig. en bois, cart. non rogn.

344. **Aen-Spræck** æn den Getrouwen Hollander, nopende de Proceduren der Portugesen in Brasill. *In' s Graven Hage, Isaac Burghoorn,* 1645. In-4, 24 pages. cart.

345. **Albertinis** (de). Opusculum de mirabilibus Nouæ et Veteris vrbis Romæ, editum a Frãcisco de Albertinis, clerico Florentino. *Romæ, per Jacobum Mazochium,* 1510. In-4, cart.

On remarque, au feuillet 101, une notice sur Améric Vespuce (*Bibl. Americana vetustissima*, pages 120, 121).

346. **Alcedo** (Ant. de). Diccionario geographico-historico de las Indias Occidentales de America. *Madrid,* 1786-89. 5 vol. in-4, bas.

Ouvrage très-estimé.

347. **Anania** (Lor. d'). L'Universale Fabrica del mondo, overo cosmografia. *Venetia, J. Vidali,* 1576. In-4, caract. ital. demi-rel. vél.

348. —— Universale Fabrica del mondo, overo cosmographia. *Venetia, Muschio,* 1596. In-4, vél.

On y traite longuement de l'Amérique. Très-bel exemplaire.

349. **Andrada** (Jiac. de). Vida de dom João de Castro, quarto visorey da India. Impresso por ordem seu Neto o Bispo D. Francisco de Castro. *Em Lisboa, na officina Craesbeeckiana,* 1651. Pet. in-fol. front. gravé et portrait, veau.

350. **Apianus.** Cosmographia Apiani, per Gemmam Frisium apud Louanienses Medicum et Mathematicum, iam demum ab omnibus vindicata mendis, ac nonnulis locis aucta, figurisque novis illustrata. *Parisiis, Vic. Gaultherot,* 1551. In-4, fig. en bois et grandes mappemondes, cart.

351. —— Cosmographia per Gemmam Frisium apud Lovanienses medicum ab omnibus vindicata mendis. *Antverpiæ, hæredes Arn. Birckmanni,* 1564. In-4, fig. en bois et mappemonde, d.-rel. cuir de Russie.

Exemplaire avec toutes les pièces mobiles. Taches de rousseur.

352. —— Apiani Cosmographia, per Gemmam Frisium iam demum ab omnibus vindicata mendis. *Antverpiæ, apud Christ. Plantinum.* (A la fin :) *Antverpiæ, ex officina typogr. Joan. Withagii,* 1574, in-4, fig. sur bois, vél.

Exemplaire avec la grande carte et les pièces mobiles.

353. **Apollonii** (Levini, Gandobrugani, Mittelburgensis) de Peruviæ regionis, inter Novi orbis prouincias celeberrimæ, inventione : et rebus in eadem gestis libri V. *Antverpiæ, apud Ioannem Bellerum,* 1567. (A la fin :) *Antverpiæ, typis Amati Tavernerii,* pet. in-8, parch.

Exemplaire avec la carte gravée en bois.

354. **Arte** de la Lengua general del Cosco Quichua. Abecedario, Ortographia y pronunciacion. — Verbo, conjugacion. — Construccion de algunos verbos. — Divid. in III libros. In-4, 40 ff. vél.

Manuscrit du commencement du dix-septième siècle, que nous croyons inédit, d'une écriture fine et serrée, mais très-lisible. Ce précieux volume provient du collége des Jésuites de Quito.

355. **Aymé** (J.-J.). Sa déportation et son naufrage; suivis du tableau de la vie et de la mort des déportés à son départ de la Guyane, avec quelques observations sur cette colonie et sur les nègres. *Paris, s. d.* In-8, demi-rel. chagr.

356. **Bajon.** Mémoires pour servir à l'histoire de Cayenne et de la Guyane française, par Bajon. *Paris,* 1767-68, 2 vol. in-8, fig. demi-rel.

357. **Barrère** (P.). Nouvelle Relation de la France équinoxiale. *Paris,* 1743. In-12, fig. veau.

358. **Bayard.** Voyage dans l'intérieur des États-Unis, à Bath, Winchester, dans la vallée de Shenandoah. *Paris, an VI.* In-8, d.-rel.

359. **Bellus** (N.). Description des débouquements qui sont au nord de l'isle de Saint-Domingue. *Paris, Didot,* 1768. In-4, frontisp. gr. et 34 planches, veau marbr. fil.

360. **Benzoni.** La Historia del mondo nuovo di M. Girolamo Benzoni, laqual tratta dell'isole e mari nuovamente ritrovati, e delle nuove

città da lui proprio vedute, per aqua e per terra in quattordeci anni. *Venetia, Rampazetto*, 1565. Pet. in-8, fig. sur bois, vél.

Première édition ; bel exemplaire.

361. —— La Historia del mondo nuovo, laqual tratta dell' isole et mari nuovamente ritrovati, et delle nuove città da lui proprio vedute, per acqua et per terra, in quattordeci anni. *Venetia, P. et F. Titi*, 1572. Pet. in-8, fig. parch.

362. —— Novæ novi orbis Historiæ, id est, rerum ab Hispanis in India occidentali hactenus gestarum, et acerbo illorum in eas gentes dominatu, libri tres, Urbani Calactonis opera ex italicis Hiero. Benzonis comm. descripti, ac perpetuis notis illustrati. Adjuncta est : De Gallorum in Florida expeditione, et insigni Hispanorum in eos sævitia exemplo, brevis Historia. *S. l.* (*Genevæ*), *E. Vignon*, 1578. In-8, cart.

La fin de la table manque.

363. **Bethencourt.** Histoire de la première descouverte et conqueste des Canaries, faite dès l'an 1402, par Messire Jean de Bethencourt, escrite du temps mesme par F. P. Bontier et Jean le Verrier, et mise en lumière par M. Galien de Bethencourt. Plus un traicté de navigation et des voyages de descouvertes et conquestes modernes, et principalement des François, par le P. Bergeron. *Paris, M. Soly*, 1630. 2 part. en 1 vol. in-8, portr. demi-rel.

Manque le dernier feuillet de la première partie.

364. **Beverley.** Histoire de la Virginie. *Imprimé à Orléans, et se vend à Paris, chez P. Ribou*, 1707. In-12, fig. veau, br.

365. **Birkbek.** Lettres from Illinois. Third edition. *London*, 1818. In-8, relié en veau fauve.

366. **Bischoff et Moeller.** Vergleichendes Wörterbuch der alten, mittleren und neueren Geographie, von Bischoff und Möller. *Gotha*, 1829, cart. dos de toile, non rog.

367. **Bocchii** (F.) Elogia quibus viri doctissimi nati Florentiæ decorantur. *Florentiæ*, 1607-8. 2 part. en 1 vol. in-4, vél.

Contient entre autres une biographie de Vespuce.

368. **Boemus.** Mores, leges et ritus omnium gentium. *Lugduni, J. Tornæsius*, 1604, in-16, cart.

Édition augmentée d'extraits de Lery et de 2 opuscules de Dom de Goes.

369. **Bordini** (Fr.) Quæsitorum et responsorum Chilias, ex quibus quæ ad sphæræ, cosmographiæ, geographiæ.... attinent contemplationem, exactissime et brevissime explicantur. *Bononiæ, A. Benatius*, 1573. In-4, peau de truie.

On trouve dans ce curieux volume un grand nombre de chapitres sur l'Amérique, tels que, 468, 469, 470, 707 (Nova Gallia), 708, 709, 710, 711, 712, etc.

370. **Bossu.** Nouveaux Voyages dans l'Amérique septentrionale. *Amsterdam, Changuion,* 1777. In-8, fig. de Saint-Aubin, demi-rel.

Le capitaine Bossu est arrivé à la Louisiane en 1757 et l'a parcouru pendant 12 ans.

371. **Botta.** Notice sur un voyage dans l'Arabie Heureuse, entrepris en 1836, par P.-M. Botta. Gr. in-4, demi-rel. mar. r. (*Extrait.*)

372. **Boturini-Benaduci** (Lor.) Idea de una nueva Historia general de la America septentrional. Fundada sobre material copioso de figuras, symbolos, caracteres, y geroglificos, cantares y manuscritos de auctores indios, ultimamente descubiertos. *Madrid, Juan de Zuñiga,* 1746. In-4, front. grav. et portr. bas esp.

Rare. Exemplaire avec le catalogue des manuscrits.

373. **Braunschweig** (J. D. von). Ueber die Alt-Americanischen Denkmaeler. Mit einem Vorwort von Carl Ritter. *Berlin, Reimer,* 1840. In-8, demi-rel. fauve. (*Chiffre de Ternaux.*)

374. **Brocardus.** Veridica Terræ Sanctæ regionumque finitimarum ac in eis mirabilium Descriptio. Nusquam antehac impressa (ed. Joa. Host de Romberch Kyrspensis). *Venetiis, Jo. Tacuinus de Tridino,* 1519. Pet. in-8 goth., rel. en bois.

Première édition publiée à part. Le volume a été imprimé antérieurement dans les *Rudimenta Novitiorum. Lubecæ,* 1475.

375. **Caninius** (Aug.). De locis Scripturæ hebraicis; acced. G. Varrerii de Ophira regione disputatio. *Antverpiæ, Bellerus,* 1600. Pet. in-8, vél.

376. **Charlevoix.** Histoire et description de la Nouvelle-France. Avec le journal historique d'un voyage fait dans l'Amérique septentrionale, par le P. Charlevoix. *Paris,* 1744. 6 vol. in-12, fig. et cartes, bas.

Bel exemplaire en reliure moderne.

377. —— A Voyage to North-America : undertaken by command of the present King of France. Containing the geographical description and natural history of Canada and Louisiana. *Dublin, Exshaw and Potts,* 1766. 2 vol. in-8, cartes, veau.

Notes manuscrites au crayon sur les marges.

378. —— Histoire de l'Isle Espagnole, ou de Saint-Domingue. Écrite particulièrement sur les mémoires manuscrits du P. J. B. Le Pers, par le P. de Charlevoix. *Amsterdam, F. L'Honoré,* 1733. 4 vol. in-12, fig. et cartes, veau.

379. —— Histoire de l'Isle Espagnole, ou Saint-Domingue. *Amsterdam, L'Honoré,* 4 vol. in-12, fig. vél.

380. —— Histoire du Paraguay. *Paris, Gasseau,* 1756. 3 vol. in-4, fig. et cartes, veau marbr.

381. —— Histoire du Paraguay. *Paris,* 1757. 6 vol. in-12, sans les fig. et cartes, bas.

382. **Chevalier** (M.). Histoire et description des voies de communications aux États-Unis et des travaux d'art qui en dépendent. *Paris,* 1840. 3 vol. in-4 et atlas in-fol. demi-rel. mar. r.

383. **Cieza** (Pietro). La prima parte dell' istorie del Peru; dove si tratta l'ordine delle Prouincie, delle citta nuove in quel paese edificate, riti et costumi de gli Indiani, etc. *Venetia, A. Arrivabene,* 1556. XII ff. prél. 215 ff. chiffr. et 1 f. pour la souscription. — La seconda parte delle historie generali dell' India, trad. di spagnuolo in italiano, nelle quali altre all' imprese del Colombo et di Magalanes, e si tratta particolarmente della presa del Re Atabalippa. *Venetia, Arrivabene,* 1557, XVI ff. prélim. et 324 ff. chiffr. 2 vol. en 1, in-8, vél.

Très-bel exemplaire.

384. —— Cronica del gran regno del Peru, con la descrittione di tutte le provincie. Scritta da P. di Cieca; trad. per A. di Craualiz. — Historie delle Nuove Indie occidentali. Parte seconda, composta da Fr. Lopez di Gomara. Trad. per Agost. di Crualiz. *Venitia, Camillo, Franceschini,* 1576. 2 vol. en 1, pet. in-8, vél.

Bel exemplaire.

385. **Collot.** Voyage dans l'Amérique septentrionale, par Collot. *Paris,* 1826. 2 vol. in-8, demi-rel. (*Sans l'atlas.*)

386. **Colomb.** Historie del signor D. Fernando Colombo, e vera relation della vita, e de' fatti dell' Ammiraglio. Nuouamente di lingua spagnuola trad. dal sig. Alfonso Ulloa. *Venetia, Pietro Belgonci,* 1676. In-12, 24 ff, prél. dont le premier blanc, 489 pages, chiffr. et 9 pages de table non chiffr. cart. non rog.

387. **Concilios** provinciales primero, y segundo, celebrados en la muy noble ciudad de Mexico. Pres. D. Alonso de Montufar, en los años de 1555, y 1565. Da los a luz el ill. Sr. D. Francisco de Lorenzano. *Mexico, en la Imprenta de D. Antonio de Hogal,* 1769. In-4, demi-rel. — Concilium Mexicanum provinciale III, celebratum Mexici anno MDLXXXV, præside D. Petro Moya y Conteras. Ed. Fr. de Lorenzano. *Mexici, Ant. de Hogal,* 1770. 2 part. in-4, cart.

388. **Contrat** d'association des Jésuites au trafic de Canada. Pour apprendre à Paul de Gimont, l'un des donneurs d'aduis pour les Jésuites contre le Recteur et Université de Paris, et à ses semblables, pourquoy les Jésuites sont depuis peu arriuez au Canada. *Paris,* 1613. In-4, n. rel.

Réimpression sur vélin, exécutée pour la librairie Tross, par Jouaust, et tirée à 12 exemplaires, épuisée depuis longtemps. On a ajouté un exemplaire UNIQUE sur papier ancien.

389. **Cortez.** La Preclara Narratione di Ferdinan || do Cortese della Nuoua Hispagna del mare Oceano, al || Sacratissimo et Inuictissimo Carlo di Romani Imperatore sem || pre Augusto Re Dhispagna, et cio che siegue, nellaño del Si || gnore. M. D. XX. trasmessa : Nella quale si cõtẽgono mol || te cose degne di scienza et ammiratione, circa le cittadi || egregie di quelle Prouincie, costumi dhabitatori, sa- || crifici di fanciulli et religiose persone. Et massimamente della celebre citta Temixtitan..... (trad. per Nicolo Liburnio). *Stampato in Venetia per Bernardino de Viano || de Lexona Vercellese. Anno domi || ni M. D. XXIIII. A di XX Agosto.* In-4, vél.

Bel exemplaire. Cette édition diffère essentiellement de celle citée dans la *Bibliotheca americana vetust.* Elle contient 70 ff. *non chiffr.*, et pas de plan, qui du reste ne doit pas faire partie intégrante du volume ; il ne se trouve que dans deux ou trois exemplaires. On a ajouté un fac-simile du plan du Mexique publié à Nuremberg en 1524 ; il a été réimprimé avec une rare exactitude.

L'exemplaire est incomplet du feuillet Ri et du dernier qui ne contient que la marque de l'imprimeur.

390. —— Correspondance de Fernand Cortes avec l'empereur Charles-Quint, sur la conquête du Mexique, traduite par de Flavigny, lieutenant-colonel de dragons et chevalier de l'ordre royal et militaire de Saint-Louis. *Paris*, 1778. In-12, v. f. n. rog. tête dor.

Le texte espagnol de cette correspondance se trouve dans le volume premier de Barcia : *Historiadores primitivos de las Indias.*

391. **Dapper** (O.). Die unbekannte Neue Welt, oder Beschreibung Amerika's. (Le Nouveau Monde, ou description de l'Amérique.) *Amsterdam*, 1673. In-fol. nombreuses et jolies gravures en taille-douce, vélin, tranche bleue parsemée d'étoiles d'or.

On remarque dans le volume une petite vue de New-York.

392. **Darby** (William). A geographical Description of the State of Louisiana, the southern part of the State of Mississipi and territory of Alabama, etc. Together with a map from actual survey and observation, projected on a scale of ten miles to an inch of the State of Louisiana and adjacent countries. Second edition. *New-York*, 1830. In-8, cartes, demi-rel.

393. **Dard.** Observations sur le droit de souveraineté de la France sur Saint-Domingue. *Paris*, 1825. In-8, demi-rel. v. f.

394. **Denain.** Considérations des intérêts politiques et commerciaux qui se rattachent à l'isthme de Panama. *Paris*, 1845. In-8, cart. la Bradel.

395. **Diéréville.** Relation du voyage de Port-Royal de l'Acadie, ou de la Nouvelle-France. *Amsterdam, Pierre Humbert*, 1710. In-12, front. grav. bas.

Relation intéressante en prose et en vers.

396. **Dobritzhoffer** (Mart.). Historia de Abiponibus, equestri, bellicosaque Paraquariæ natione. Locupletata copiosis barbararum gentium, urbium, fluminum, ferarum.... aliarumque ejusdem provinciæ observationibus. *Viennæ, Kurzbek,* 1784. In-8, carte et fig. cart.

397. **Dussieux**. Le Canada sous la domination française. *Paris,* 1855. In-8, cart. broch.

398. **Du Tertre**. Histoire générale des Antilles habitées par les François. *Paris, Jolly,* 1667. 4 vol. in-4, fig. veau.

Quelques très-légères mouillures.

399. **Emanuel de Portugal**. Epistola || potentissimi ac invictissimi Ema || nuelis regis Portugaliæ et Algarbiorum, || etc. De Victoriis habitis in India || et Malacha, ad S. in Christo Patrem et || Dñm nostrum Dñm Leonem X, || Pont. Maximum. (In fine :) Dat. in Vrbe nostra Olisipone. 8 idus || Iunias anno Dñi M.D.XIII. || *Romæ, impressa per Iacobum || Mazochium, 9 Augusti.* In-4, car. ronds, 6 ff. cart.

Première édition, rarissime. Bel exemplaire. Sur le titre se trouvent les armes de Portugal gravées en bois,

400. —— Abschrifft eines Sandtbriefes, so... dem Bapst Julio dem andern gesandt ist, von... Emanuel Kunig zu Porthogal... jm. Mcccc. viij. jare, von wunderbarlichen raysen vnd schieffarten, vnd eroberung landt, stet, vnd merckt, auch grosser manschlachtung der hayden. O. O. u. J. (*Nürnberg, Gutknecht*). In-4, 4 f. br.

Pièce rarissime, citée dans Weller, Repertorium, qui *donne la date de* 1508 *à la plaquette.* Voir aussi le n° 210 du présent catalogue.

401. —— Obedientia Potentissimi Emanuelis Lusitaniæ || Regis zc. per clarissimum Iuris V. cõsultum Die || ghum Pacettum Oratorem ad Iulium. II. Ponti. || Max. Anno Dñi. M. D. V. Pridie No. Iunii. || *S. l. n. d.* Pet. in-4, 4 ff. car. ronds, cart.

Cette plaquette contient de vagues indications concernant l'Amérique.

402. **Ens** (G.). Indiæ occidentalis Historia, in qua prima regionum istarum detectio, situs, incolarum mores, aliaque eo pertinentia breviter explicantur. *Coloniæ, G. Lutzenkirchen,* 1612, front. grav. — Vita sancti Simperti, auct. Car. Stengelio. *Aug. Vindel., C. Mangius,* 1617, front. grav. 2 vol. en 1, pet. in-8, vél.

403. **Ercilla** y Zuñigo. La Araucana. *Anvers, P. Bellero,* 1575. In-12, cart.

Première édition d'Anvers, qui ne contient que la première partie de l'ouvrage: la seconde partie n'a été publiée qu'en 1578. L'avant-dernier feuillet contient l'approbation, et le dernier seulement un ornement. Cette édition contient la dédicace au roi Philippe II.

404. —— La Araucana. *Madrid, Fr. Martinez Abad,* 1733-35. 2 tom. en 1 vol. in-fol. vél.

Édition complète.

405. **Eusebii** Cæsariensis episcopi Chronicon quod Hieronymus latinum facere curavit, cum additionibus Prosperi et Mathiæ Palmerii. *In alma Parisiorum academia, Henr. Stephanus*, 1512. In-4, car. ronds, imprim. en rouge et noir, bas. gaufr.

Dans la continuation de la chronique d'Eusèbe on lit, sous la date de 1509, une longue note sur sept sauvages américains, Brésiliens suivant les uns, Canadiens suivant les autres, arrivés cette année à Rouen. Sous la date de 1500 on parle du voyage de Cadamostor. Bibliotheca americana vetustissima, pages 130-32, et additions, pages 57-58.

406. **Feliz.** Vitoria que ha tenido D. Fadrigue de Toledo, general de S. M., de quarenta naos Olandesas, las seys que encontro en la altera de las islas de las Canarias, y las treynta y quatro que estauan en la isla de San Lorenzo, en las Indias, dando carena, y aprestandose para salir a guardar la flota. *Valladolid*, 1630. 2 ff. in-fol.

407. **Ferry** (Louis de Bellemare). Scènes de la vie mexicaine. *Paris*, 1855. In-12, demi-rel.

408. **Folieta** (Ubertus). Clarorum Ligurum Elogia. *Romæ, apud hæredes Ant. Bladii*, 1573. In-4, vél.

Les pages 32 à 35 contiennent l'éloge de Christophe Colomb.

409. **Franck von Wordt** (Seb.). Weltbuch. Erst Theil võ newen erfundenen Landschafften. (Cosmographie. Des pays nouvellement découverts, etc.) — Ander Theil von Schiffartren. Warhafftige Beschreibung aller und mancherley sorgfeltigen Schiffarten, auch viler unbekannten erfundenen Landschafften. (Seconde partie. Relations de nombreux voyages et description des îles et pays nouvellement trouvés. Ensemble les voyages qu'Ulric Schmidt de Straubing a faits au Brésil.) *Franckfurt a. M., Lechler*, 1567. 3 part. en 1 vol. in-fol. peau de tr. gaufr.

Bel exemplaire. — This is one of the rarest, if not the rarest of the early german collections of voyages. (*Bibl. Grenvilliana*, p. 643.)

410. **Francus** (A.). Annus gloriosus societatis Jesu in Lusitania, complect. sacras memorias illustr. virorum, qui virtutibus, sudoribus, sanguine fidem Lusitanam et societatem Jesu, in Asia, Africa, America ac Europa feliciss. exornarunt. *Viennæ*, 1720. In-4, vél.

Volume important, devenu très-rare.

411. **Frezier.** Relation du voyage de la mer du Sud aux côtes du Chili, du Pérou et du Brésil. *Amsterdam, Humbert*, 1717. 2 vol. in-12, fig. vél.

412. **Friccius.** Indianischer Religionstandt der gantzen Newen Welt, beider Indien gegen Auff und Nidergang der Sonnen, durch Val. Friccium. *Ingolstadt, Eder*, 1588. Pet. in-8, cart.

413. **Galerati** (J. M.) de titulis Philippi Austriaci regis catholici Liber. *Bononiæ*, 1573. In-4, blasons grav. sur bois, vél.

Les feuillets 26 à 38 contiennent l'histoire des découvertes des Espagnols en Amérique jusqu'à l'année 1541.

414. **Garcilasso de la Vega.** Le Commentaire royal, ou l'Histoire des Yncas, rois du Peru, contenant leur origine depuis le premier Ynca Manco Capa, leur établissement, leur idolâtrie, leurs sacrifices, leurs vies, etc. Traduit sur l'espagnol par J. Baudoin. *Paris*, 1633. In-4, bas.

415. —— Histoire des guerres civiles des Espagnols dans les Indes, causées par les soulèvements des Piçarres et Almagres, mise en françois par J. Baudoin. *Paris, Courbé et Couterot*, 1650. 2 vol. in-4, mar. citr. fil. tr. dor. (*Anc. rel.*)

Exemplaire précieux aux armes de MESDAMES (filles de Louis XV).

416. —— Histoire des guerres civiles des Espagnols dans les Indes, mise en françois par J. Baudoin. *Paris, Piget*, 1658. 2 vol. in-4, v. br.

Exemplaire d'Anquetil-Duperron.

417. **Garimbert.** Les Problemes de Jerome Garimbert, traduitz de toscan en françois, par Jean Louueau, d'Orléans. *Lyon, Guill. Rouille*, 1559. Pet. in-8, veau.

Le 56e problème, pages 112-117, est intitulé : *D'où vient que les hommes des Indes occidentales, trouuées de notre temps, auoient quelques loix et coustumes semblables aux nôtres deuant qu'ils eussent cognoissance de nous, et que l'eussions d'eux ?*

418. **General Chronichen**, das ist : Warhaffte Beschreibung vieler bisz daher unbekannter Landtschafften... Beschreibung der neuw erfundenen Inseln, Americe, und Magellane, so man die neuwe Welt pflegt zu nennen. *Franckfurt am Mayn*, 1576. 1 vol. in-fol. demi-rel.

Collection rare. Le premier ouvrage contient de belles gravures en bois.

419. **Geraldinus.** Itinerarium ad Regiones sub æquinoctiali plaga constitutas Alexandri Geraldini Amerani, episcopi civitatis S. Dominici apud Indos occidentales, edidit Onuphrius Geraldinus de Catenariis. *Romæ, G. Farriotti*, 1631. In-8, front. grav. vél.

Relation écrite en 1524, très-rare.

420. **Gesangbuck**, XI und XII Theil. S. *l.*, 1742. In-8, bas.

Aus dem Zelte von Wayomick, in der grossen Ebene Shehannowano in Canada Euer umvurdiger Johannan (Das ist der Name umsers Bruders Ludwigd, wie es unter den Heiden bekant ist).
Ce volume nous paraît avoir été imprimé en Amérique.

421. **Glareani** (Henrici) de Geographia liber unus. *Apud Friburgum Brisgoiæ*, 1536. In-4, fig. vél. blanc.

Bel exemplaire avec le dernier feuillet blanc. *Bibliotheca americana vetustissima*, page 361, et *Additions*, page 125.

422. **Gomara.** Historie delle Nuove Indie occidentali, con tutti i discoprimenti et cose notabili, auuenute dopo l'acquisto di esse. Parte

seconda. Composta da Fr. Lopez de Gomara, et trad. per Ag. de Cravaliz. *Venetia, G. Bonadio,* 1564. In-8, vél.

Volume rare, contenant l'histoire de Gomara complète. Timbre de bibliothèque sur le titre.

423. **Gonsalez** (Ant.). Vita b. Rosæ virginis Peruanæ. *Coloniæ, M. Demenius,* 1668. Pet in-12, vél.

424. **Gottfriedt** (J.-L.). Newe Welt u. Americanische Historien. Inhaltende warhafftige u. vollkommene Beschreibung aller West-Indianischen Landschafften, etc. Desgleichen gründlicher Bericht von der Inwohner Beschaffenheit, Sitten, etc. Item histor. u. ausführl. Relation 38 fürnembster Schiffarten unterschiedlicher Wolker in West-Indien. *Frankfurt, Merian,* 1655. In-fol. fig. et cartes bas.

Volume rare. C'est un abrégé des grands voyages de De Bry ; il contient une partie des planches qui ont servi pour cette grande publication.

425. **Greiff.** Tagebuch des Lucas Reno aus den Jahren, 1494-1545 ; ein Beitrag zur Handelsgeschichte der Stadt Augsbourg. *Augsbourg,* 1861, In-8, broch.

On trouve dans ce volume, tiré à petit nombre, un grand nombre de documents sur des voyages faits aux Indes Orientales et Occidentales,

426. **Grynæus.** Novus Orbis regionum ac insularum veteribus incognitarum (Navigationes Al. Cadamusti, Chr. Columbi, Pinzoni, Alberici Vesputii, Josephi Indi, etc., etc.). Ed. Simon Grynæus. *Basileæ, per Jo. Hervagium,* 1532. In-fol. Grande mappemonde grav. en bois, vélin.

Première édition, rare.

427. —— Die New Welt, der landschaften, vnnd Insulen, so bis hie her allen Altweltbeschrybern vnbekant, Jungst aber von den Portugalesern vnnd Hispaniern jm Nidergenglichen Meer befunden. Sambt den sitten vnnd gebreuchen der Inwonenden wolker. Do bey findt man auch den vrsprung der Volcker der Altbekannten Welt, als do seind die Tartern, Moscouiten, Reussen, Preussen, Hungern, Sschlafen, etc. *Strassburg, Vlricher,* 1534. In-fol. maroq. brun, fers à froid, tr. dorée. (*Wright.*)

Traduction allemande de l'ouvrage de Grynæus, *Novus Orbis*, faite par Michael Herr. Bel exemplaire de ce livre rare. Cette édition contient la *traduction complète* des décades de Pierre Martyr et ses trois livres de *Legatione Babylonica.*

428. **Guilelmus Tyrius.** Historia della guerra sacra di Gierusalemme, della Terra di Promissione, e quasi di tutta la Soria, raccolta in XXIII livri da Guglielmo di Tiro, trad. da Gius. Horologgi. *Venetia, V. Valgrisi,* 1562. In-4, veau f. (*Anc. rel.*)

429. **Gumilla.** Histoire naturelle, civile et géographique de l'Orénoque et des principales rivières qui s'y jettent, traduite par Eidous. *Avignon, Girard,* 1758. 3 vol. in-12, veau, tr. dor.

430. **Guttierez** (Man.). La Belleza en las piezas de espiritu. *Mexico, J. de Zuniga*, 1802. Pet. in-8, cart. (*Court de marges.*)

431. **Harriss.** Bibliotheca americana vetustissima. A Description of works relating to America published between the years 1492 and 1551. *New-York*, 1866. Rel. mar. br. — Additions. *Paris, Tross*, 1872, cart. dos de toile. Ensemble 2 vol. gr. in-8, fig.

Splendide publication.

432. —— Bibliographie du Canada, ou notes pour servir à l'histoire, à la bibliographie et à la cartographie de la Nouvelle-France et des pays adjacents, 1540-1700, par l'auteur de la *Bibliotheca americana vetustissima. Paris*, 1872, 1 fort vol. in-8, partagé en deux, en 2 cartons de toile, non rogn.

Magnifique exemplaire imprimé sur PEAU DE VÉLIN. Ouvrage remarquable. La bibliographie et la cartographie ont été rédigées avec une rare exactitude; on y trouvera peu d'additions à faire. Les notes historiques et documentaires contiennent beaucoup de pièces inédites de la plus haute importance, entre autres une série de documents sur François de la Roque, sieur de Roberval.

433. **Hemmersan.** West-Indianisk Reese-Beskriffning. Frånähr 1639 till 1645. Ifr an Amsterdam till St. Joris de Mina, itt Castell i Africa : Forrättot och beskrefwin aff Michael Hemmersam, Borg : uthi Nuremberg. Och nu in pa wart Swanska Spräak forwand och *Tryckt pa Wijsingzborf Af Johan Kankel*, 1674. In-4, IV ff. prél. 94 pages et 1 feuillet blanc, vél. blanc.

Bel exemplaire d'un volume rarissime, comme tous les ouvrages sortis de l'imprimerie particulière du comte de Brahe, établie à Wisingsborg.

434. —— Beschryving van Louisiana, Nieuwelyk ontdekt ten Zuid-Westen van Nieuw-Vrankryk. *Amsterdam, Jan ten Horn*, 1668. Front. grav. carte et fig. — Reys-Beschryvinge door verscheyde Landen, grooter als Europa. Het beleg en veroveringe van Quebec, de Hooftstadt van Canada, etc. *Utrecht, Anthony Schouten*, 1688. Front. grav. grande carte et fig. 3 vol. en 1, in-4, vél.

On trouve rarement les deux ouvrages réunis.

435. **Herrera.** Novus Orbis, seu descriptio Indiæ occidentalis... accesserunt et aliorum Indiæ occidentalis descriptiones et navigationis nuperæ Australis Jacobi Lemaire historia, uti et navigationum omnium per fretum Magellanicum succincta narratio. *Amsterdam, M. Colinius*, 1622. In-fol., cartes et fig. br. non rog.

Exemplaire en grand papier

436. —— Novus orbis, etc. *Amsterdam*, 1622. In-fol. cartes et fig. veau br.

Exemplaire en papier ordinaire.

437. —— Description des Indes occidentales qu'on appelle aujourd'huy le nouveau monde. Translatée d'espagnol en françois, avec la navi-

gation du vaillant capitaine de mer Jacques Lemaire. *Amsterdam*, 1622. In-fol. fig. et cartes, vél.

438. **Hippisley**. Histoire de l'expédition aux rivières d'Orénoque et d'Apuré, partie d'Angleterre en 1817. *Paris*, 1819. In-8, demi-rel. v. f. non rogn.

439. —— Histoire de la Californie, trad. de l'anglois par M. E. (Eydous). *Paris, Durand*, 1767. 3 vol. in-12, carte, veau.

Traduction de l'ouvrage de Venegas.

440. —— Histoire de la Virginie, par D. S., natif et habitant du pays (Beverley). *Amsterdam, Jordan*, 1712. In-12, front. et fig.

441. **Honter**. Rudimentorum cosmographicorum libri III. *Tiguri, Froschoverus*, 1552, cartes grav. sur bois. — Quæstiones in libellum de Sphæra J. de Sacro Busto, collectæ ab H. Beyer. *Francofurti, Brubach*, 1552. — De Dimensione terræ, autore C. Peucero. *Wittembergæ*, 1554. — Dionysii orbis Descriptio. Arati Phænomena, Procli sphæra, græce, cum scholiis Caporini. *Coloniæ*, 1543. 1 vol. pet. in-8, fig. sur bois, peau de truie.

442. **Hornius** (G.). De Originibus americanis libri quatuor. *Hagæ Comitis*, 1652. Pet. in-8, vél. (*Une part. du titre coupée.*)

443. **Irving**. Voyage dans les prairies à l'ouest des États-Unis, par Washington Irving. *Paris*, 1835. In-8, demi-rel.

444. **Italiani** illustri, scritti da Andr. Rubbi ed incisi da Giac. Zatta. *Venezia*, 1791. In-4, texte gravé et 24 portr. demi-rel.

Le 3e portrait est celui de Chr. Colomb.

445. **Jarrici** (P., s. J.). Thesaurus rerum Indicarum, in quo christ. ac cathol. religionis tam in India Orientali, quam aliis regionibus Lusitanorum opera nuper detectis ortus, progressus, incrementa, etc. ad. a. usque 1611 eleganter recensentur. Acc. earund. regionum chorograph. quam histor. descriptiones. E gall. in lat. transl. a M. Martinez. *Coloniæ-Agrippinæ*, 1615. 4 tom. en 3 vol. in-8, 3 front. grav. vél.

Collection rare et importante pour l'histoire des missions en Amérique. Piqûres dans les marges de deux volumes.

446. **Jodocus Isenachcensis.** Summa in totam physicen : hoc est philosophiam naturalem conformiter siquidem veræ sophiæ : que est Theologia. *Impressum Erfordiæ per Mattheum Maler*, 1524. In-4, goth. 300 ff. fig. sur bois, rel. en bois, ferm.

A la fin du volume on trouve 4 grandes planches (anatomie, géographie, astromie, chiromancie). On remarque sur la planche de la géographie le continent de l'Amérique en entier. C'est une encyclopédie dans le genre de la *Margarita philosophica*. Le titre de l'exemplaire est doublé, et les cinq premiers feuillets ont quelques petites piqûres.

447. **Jovio** (P.). Elogios o vidas breues de los cavalleros antiguos y modernos, illustres en valor de guerra, que estan al biuo pintadas en el museo de Paulo Jovio, traduxolo en castellano Gaspar de Bacca. *Granada, H. de Mena*, 1568. In-fol. vél.

En grande partie en vers. On y remarque une vie de Christophe Colomb.

448. **Katecismo** indico da Lingua Kariris, acrescentado de varias praticas doutrinaes, e moraes, adaptadas ao genio, e capacidade dos Indios de Brasil. Pelo Padre Fr. Bernardo de Nantes. *Lisboa, Valentin da Costa*, 1709. Pet. in-8, XII ff. prél. et 363 pages, vél.

Bel exemplaire. En face du texte en langue Kariris se trouve une traduction portugaise.

449. **Kindersley.** Letters from the Island of Teneriffe, Brazil, the cape of Good Hope and the East Indies. *London*, 1777. Pet. in-8, frontisp. gr. veau f. gaufr. fil.

450. **Laët** (J. de). Histoire du nouveau monde, ou description des Indes orientales, contenant dix-huit livres. Enrichie de nouvelles tables géographiques et de figures des animaux. *Leyde, chez les Elzeviers*, 1640. In-fol. fig.

451. —— Responsio ad dissertationem secundam H. Grotii de origine gentium americanarum. *Amstelodami, L. Elzevirius*, 1644. Pet. in-8, vél.

452. —— Notæ ad dissertationem H. Grotii de origine gentium americanarum. *Parisiis, Pelé*, 1643. Pet. in-8, veau br.

453. **Lafiteau.** Histoire des découvertes et conquêtes des Portugais dans le Nouveau-Monde. *Paris, Saugrain et Coignard*, 1733. 2 vol. in-4, fig. veau.

454. —— Histoire des découvertes et conquestes des Portugais dans le Nouveau-Monde. *Paris, Saugrain et Coignard*, 1734. 4 tomes en 2 vol. in-12, fig. et cartes, vél.

455. —— De Zeden der Wilden van Amerikers. (Les Mœurs des sauvages de l'Amérique.) *La Haye*, 1731. 2 part. un vol. in-fol. nombr. fig. en taille-douce, vél.

456. **La Hontan.** Voyages dans l'Amérique septentrionale, avec un petit dictionnaire de la langue du pays. *La Haye*, 1706. 2 vol. in-12, fig. et cartes, v. marb.

457. **Las Casas.** Sus obras, Brevisima relacion de la destruycion de las Indias. *Sevilla, Seb. Trugillo*, 1552. — Aquí se contiene una disputa ó controversia entre el Obispo D. Fr. Bartol. de las Casas ó Casaus, y el Dr. Hinés de Sepúlveda, coronista del Emperador N. Sr., sobre que el Doctor contendia que las conquistas de las Indias contra los Indios eran lícitas, y el Obispo por el contrario defendió y afirmó haber sido y ser imposible no serlo tiránicas, injustas é

iníquas. *Sevilla, Sebastian Trugillo,* 1552. — Aquí se contienen treinta proposiciones muy jurídicas, etc. *Sevilla, Sebastian Trugillo,* 1552. — Este es un tratado que el Obispo de la ciudad Real de Chiapa D. Fr. Bartolomé de las Casas compuso, por comision del Consejo Real de las Indias, sobre la materia de los Indios, que se han hecho en ellas esclavos. *Sevilla, Sebastian Trugillo,* 1552. — Entre los remedios que D. Fr. Bartolomé de las Casas, etc. (comme ci-dessus). *Sevilla, Jacome Cromberger,* 1552. — Aquí se contienen unos avisos y reglas para los confesores que oyeren confesiones de los Españoles que son ó han sido en cargo á los Indios de las Indias del mar Océano. *Sevilla, Sebastian Trugillo,* 1552. 7 part. un vol. in-4, goth., titre imprimé en rouge et noir, parch.

Beaux exemplaires, grands de marges.

458. —— Narratio regionum indicarum per Hispanos quosdam devastatarum relatio. *Oppenhemii, sumtibus J.-Th. de Bry, typis H. Galleri,* 1614. In-4, fig. en taille-douce, veau marbr. fil.

Très-bel exemplaire.

459. —— Tyrannies et Crvavtez des Espagnols commises es Indes occidentales, qu'on dit le nouveau monde, briefvement descrites en espagnol par Don Frère Barthelemy de las Casas, de l'ordre de S. Dominique, et evesque de la ville royalle de Chiappa. Traduitte fidellement en françois par Iacques de Miggrode sur la coppie espagnolle imprimée à la ville de Seville. *Rouen,* 1630. In-4, veau (*Aux armes du comte de Toulouse.*)

L'exemplaire porte le timbre de la bibliothèque du roi Louis-Philippe.

460. —— Relation des voyages et des découvertes que les Espagnols ont faits dans les Indes occidentales. *Amsterdam,* 1698. In-12, frontisp. gr. vél.

(A la fin :) Voyage du sieur Montauban, capitaine des Flibustiers.

461. **Le Brun.** Virgilius Christianus. *Parisiis, S. Piget,* 1661. In-8, 12 grav. en taille-douce, veau br.

Les deux derniers chants, sous le titre de Francias, concernent entièrement le Canada, on y trouve les chapitres suivants : De barbarie Canadensi. Difficultas itinerum in silvis Canadensibus. Nox et frigus Canadense. Domus et umbra silvarum Canadensium. Incommoda et commoda Canadensium, Religio, mores et vitia Canadensium. Nova Gallia auxilium postulat, etc., etc.

462. —— Ecclesiastes Salomonis. *Parisiis, Cramoisy,* 1653. In-12, veau f. à comp. tr. dor. (*Anc. rel.*)

Petit volume de la plus grande rareté. Il contient à la fin le poëme *Francias*, avec les chapitres sur le Canada qui se trouvent dans le Virgilius Christianus.

463. **Leclerc** (F.). Le Texas et sa revolution. *Paris,* 1840. In-8, carte, demi-rel. veau r.

464. **Léon Africain.** Historiale Description de l'Afrique, escrite premièrement en langue arabesque, puis en toscane, et à présent mise

en françois (par J. Temporal et autres). *Lyon, Jean Temporal,* 1556. 2 vol. en un, in-fol. fig. et cartes, grav. en bois, veau.

Collection assez rare de voyages en Afrique, Asie et Amérique, dans le genre de celle de Ramusio. Bel exemplaire.

465. **Lettere** dell' India orientale, scritte da reu. Padri della comp. di Giesù. *Vinegia, Ferrati,* 1580. Pet. in-8, vél. tr. dor.

466. **Lettres** d'un cultivateur américain, écrites à W. S. depuis l'année 1770 jusqu'à 1781 (par Crèvecœur). *S. l.*, 1785. 2 vol. in-12, veau marbr.

467. **Le Vaillant.** Histoire naturelle d'une partie d'oiseaux nouveaux et rares de l'Amérique et des Indes, par F. Le Vaillant. Tome premier. *Paris,* 1801. Gr. in-fol. figures noires et color. demi-rel.

468. **Lima Gozosa.** Descripcion de las festibas demonstraciones, con que esta ciudad, capital de la America Meridional, celebra la Real *Proclamacion* de Don Carlos III, de el Exmo. Sr. D. Joseph Manso de Velasco. *Lima,* 1760. Pet. in-4, titre et 188 feuillets, parch.

469. **Linschoten.** Navigatio, itinerarium in Orientalem sive Lusitanorum Indiam. *Amsterodami, J. Walschaert,* 1614. In-fol. fig. cart.

Exemplaire non rogné. Sans le plan de Goa.

470. —— Voyajie, ofte X ship-vaert van Jan Huyghen van Linschoten, van by Noorden om langes Norwegen, de Noordt-Caep, etc. *Amsterdam, J. E. Cloppenburg,* 1624. In-fol. goth. à 2 col. fig. cart., dos de toile.

Volume rare. Bel exemplaire avec toutes les planches.

471. **Logan.** Plans of various lakes and rivers between lake Huron and the river Ottawa, to accompany the geological rapports for the years 1853-56. *Toronto,* 1857. In-8, rel. en percal.

Avec double atlas gr. in-4 et gr. in-fol. en demi-rel.

472. **Lusignan.** Histoire contenant une sommaire description des généalogies, alliances et gestes de tous les princes et grans seigneurs, qui ont iadis commandé ès royaumes de Hierusalem, Cypre, Armenie et lieux circonvoisins, par le R. P. Estienne de Lusignan. *Paris, Guill. Chaudière,* 1579. In-4, veau marbr. tr. dor. (*Aux armes de Caumartin.*)

Dans le même volume : LES ROIS ET DUCS D'AUSTRASIE DE N. CLÉMENT, TRADUITS EN FRANÇOIS PAR FRANÇOIS GUIBAUDET, DIJONNOIS. *Coulogne,* 1591. (Avec portraits gravés par Woieriot.) — DISCOURS DES CHOSES ADVENUES EN LORRAINE DEPUIS LE DECEZ DU DUC NICOLAS JUSQUES A CELUI DU DUC RENÉ PAR N. REMY. *Pont-à-Mousson, M. Bernard,* 1605, frontisp. gr. et portrait. Aux *Rois d'Austrasie* il manque 2 pages à la fin, et le feuillet d'errata au *Discours*.

473. **Mc Konochie.** A summary view of the statistics and existing commerce of the principal shores of the Pacific Ocean. *London,* 1818. In-8. carte, veau f.

474. **Mac-Sherry** (James). A History of Maryland from its settlement in 1634 to the year 1848, with and account of its first discovery, and the various explorations of the Chesapeake bay, anterior to its settlement. *Baltimore*, 1850. In-8, demi-rel.

475. **Maffei** historiarum indicarum libri XVI. Selectarum item ex India epistolarum libri IV, etc. *Venetiis*, *Damzenarus*, 1589. 3 tomes en 1 vol. in-4, vél.

476. **Maioli**. Dies caniculares, hoc est colloquia tria et viginti physica nova et penitus admiranda. *Moguntiæ*, 1607. In-4, bas.

Recueil curieux dans lequel on trouve beaucoup de notices sur l'Amérique.

477. **Marsillac**. La Vie de Guillaume Penn, fondateur de la Pensylvanie, par J. Marsillac. *Paris*, 1791. 2 vol. in-8, broch.

478. **Martyr**. De nuper sub D. Carolo repertis Insulis, simulq. incolarum moribus, R. Petri Martyris, Enchiridion. Dominæ Margaritæ, Diui Max. Cæs. filiæ, dicatum. *Basileæ, anno M.D.XXI* (1521, *sans nom d'imprimeur*). In-4, cart.

Magnifique exemplaire, hauteur de 225 millim., largeur de 152 millim.

479. **Maurolycus** (Franc.). Cosmographia in tres dialogos distincta. *Venetiis, hæredes Lucæ Antonii Juntæ*, 1543. Pet. in-4, fig. maroq. r. fil. tr. dor.

Volume fort rare, qui contient plusieurs passages concernant l'Amérique. Après la marque de l'imprimeur se trouve un feuillet blanc, suivi de quatre autres imprimés en caractères gothiques, sign. ❋, *ad lectorem*: contenant des tables astronomiques signées à la fin « Franciscus Maurolycus hec scribebat Messane in freto siculo Nonis Decembris M.D.XXXXII. »

480. **Maximiliani Transylvani**, Cæsaris a secretis, Epistola de admirabili et nouissima Hispanorum in Orientem navigatione, qua variæ, et nulli prius accessæ Regiones inuẽtæ sunt, cum ipsis etiã Moluccis insulis beatissimis, optimo aromatũ genere refertis. *Romæ, in ædibus P. Minutii Calvi, anno M.D.XXIIII. Mense Feb.* In-4, 18 ff. Belle bordure grav. en bois au titre, cart.

Bel exemplaire avec témoins, ayant des mots mss. sur quelques marges. Relation du voyage de Magellan.

481. **Maynard**. Voyages et aventures au Chili. *Paris*, 1858. In-12, demi-rel.

482. **Melish**. A geographical Description of the United States. *Philadelphie*, 1816. In-8, cartes, demi-rel.

483. **Mémoires** des commissaires du Roi et de ceux de S. M. Britannique sur les possessions et les droits respectifs des deux couronnes en Amérique (sur l'Acadie et sur l'île de Sainte-Lucie). *Paris*, 1757. 3 vol. in-4, br.

484. **Mendoza**. Histoire du grand royaume de la Chine, situé aux Indes orientales, divisée en deux parties. Ensemble un Itinéraire du

Nouveau Monde, et le descouvrement du Nouveau Mexique en 1583. Faite en espagnol par R. P. Juan Gonzalès de Mendoce. Trad. par Luc de la Porte. *Paris, Nic. Dufossé*, 1589. In-8, bas.

L'Itinéraire du Nouveau-Monde se trouve au ff. 240 et suiv.

485. —— Histoire du grand royaume de la Chine situé aux Indes orientales. Plus trois voyages faits vers iceluy en l'an 1577, 1579 et 1581. Ensemble un itinéraire du Nouveau Monde, et le descouvrement du Nouveau Mexique en 1583. *Rouen, Nicolas Angot*, 1614. Pet. in-8, cart. dos de toile.

486. **Mercure** (françois), XIXe tome. *Paris, Richer*, 1636. Pet. in-8, v. br. (*Aux armes.*)

Volume rare, avec les pages supprimées 925-1036. Les pages 1037-1040 manquent. Les pages 771 à 867 traitent de l'histoire du Canada.

487. **Molina.** Compendio della storia geografica, naturale e civile del Chile. *Bologna*, 1776. In-8, carte et figures, vél.

488. —— Essai sur l'histoire naturelle du Chili, par l'abbé Molina, trad. par Gruvel. *Paris*, 1789. In-8, cart.

489. —— Saggio sulla storia civile del Chili. *Bologna*, 1787. In-8, cartes, demi-rel. non rog.

490. **Mollien.** Voyage dans la république de Colombia en 1823. *Paris*, 1824, 2 vol. in-8, fig. color. et carte, veau vert fil.

491. **Morisot** (Claud.-Barth.). Peruviana. *Divione, Guyot*, 1644-46. 2 vol. en un. In-4, vél.

492. **Münster.** Cosmographia universale, nella quale secondo che n'hanno parlato i più veraci scrittori, son designati i sitti di tutti gli paësi. Raccolta primo per Sebastiano Munstero, et dapoi corretta et repurgata, per gli Censori ecclesiastici, et quei del Re Catholico nelli paësi bassi, et per l'Inquisitore di Venetia. *Colonia, gli heredi d'Arnoldo Byrckmanno*, 1575. In-fol. Titre, 1 f. d'approbation par Arias Montanus, 4 ff. de table, 14 grandes cartes grav. en bois, et 1237 pages, nombreuses fig. en bois. vél.

Bel exemplaire d'une édition non citée dans le *Manuel* de Brunet. Les planches portent les mêmes monogrammes que celles des éditions de Bâle.

493. **Muralla Zacatecana** de doce preciosas piedras, erigidas in doce sagrados titulos, y contempladas en el patrocinio y patrono de Maria Sanctissima. *En Mexico, Fel. de Zuniga Ontiveros*, 1788. Pet. in-8, chagr. vert à comp.

Avec une figure de N. S. de los Remedies, et 12 jolies vignettes en taille-douce.

494. **Muratori.** Il Christianismo felice nelle missioni della comp. di Gesù nel Paragua. *Venetia, Pasquali*, 1743. In-4, carte, cart. non rogn.

495. **Myritius.** Opusculum geographicum rarum, totius negotii rationem, mira industria et brevitate complectens, iam recens et diversis libris ac chartis collectum per Joannem Myritium Melitensem. *Ingolstadii, Eder*, 1590. In-fol., fig. en bois, cart.

Exemplaire avec la Mappemonde, et les parties mobiles des gravures. Les pp. 116 et suiv. contiennent : *De America, Spagnolla, Isabella et aliis inventis ab Hispanio insulis.* L'avant-dernier feuillet est orné d'un beau portrait de l'auteur.

496. **Navarrete** (D. Martin Fernandez de). Coleccion de los viages y descubrimientos que hicieron por mar los Españoles, desde fines del siglo XV. Con varios documentos ineditos concernientes á la Historia de la marina castellana y de los establecimientos españoles en Indias. *Madrid, Imprenta real*, 1837-53. 5 vol. in-4, cartes, broch.

Collection importante. Les premiers volumes sont de la seconde édition.

497. **The Northern Traveller**, and northern tour, with the routes to the Springs, Niagara and Quebec. *New-York*, 1834. In-12, fig. et cartes, cart.

498. **Nova Britannia.** Offering most excellent fruits of planting in Virginia, exciting all such as be well affected to further the same. *London, printed for Samuel Macham*, 1609. (*Reprint by Wittingham and Wilkins. New-York*, 1867.) Gr. in-4, goth. cart. non rogné.

N° 7 des cinquante exemplaires tirés en grand papier.

499. **Oexmelin.** Histoire des avanturiers, des boucaniers et de la chambre des comptes établie dans les Indes, 1688. *Paris, et se vend à Bruxelles*, 1713. 2 part. en 1 vol. In-12, carte et fig. cart.

500. —— Histoire des aventuriers flibustiers qui se sont signalés dans les Indes, contenant ce qu'ils y ont fait de remarquable, avec la vie, les mœurs et les coutumes des Boucaniers et des habitans de S. Domingue et de la Tortue. *Lyon, Duplain*, 1774. 4 vol. in-12, cart. non rog.

501. —— Histoire des aventuriers flibustiers. Nouvelle édition, corrigée et augmentée de l'Histoire des Pirates anglois depuis leur établissement dans l'isle de la Providence jusqu'à présent, et du Journal de Ravenau de Lussan dans la mer du Sud. *Trévoux*, 1775. 4 vol. in-12, cartes et figures, veau f. fil.

502. **Ortelius.** Epitome du monde d'Abraham Ortelius, auquel se représente, tant par figures que caractères, la vraye situation, nature et propriété de la terre universelle. *Anvers, de l'imprimerie de Christofle Plantin, pour Philippe Galle*, 1588. In-8 obl. avec 94 cartes grav. en taille-douce, vél.

Rare. Annales Plantiniennes, page 311, n° 25. Notre exemplaire contient de plus une figure emblématique grav. en taille-douce (A 3), et au verso un texte : M. Tul. Cicero. Le cheval est créé, etc.

503. **Osorius** (Hier.). De rebus Emmanuelis, Lusitaniæ regis, annis sex ac viginti domi forisque gestis libri duodecim. Item J.-M. Metelli commentarius de reperta ab Hispanis et Lusitanis in Occidentis et Orientis Indiam navigatione, deque populorum eius vita, moribus ac ritibus. *Coloniæ,* 1580. Pet. in-8, vél.

504. **Ouseley**. Remarks on the statistics and political institutions of the United States. *Philadelphie,* 1832. In-8, demi-rel.

505. **Paësi** nouamente ritrouati et Nouo Mondo de Alberico Vesputio. *Milano, con la impensa de Io. Iacobo di Lignano et diligente cura et industria de Ioanne Angelo Scinzenzeler : nel Mccccxix, a di V. de Marzo.* Pet. in-4, chagr. bl.

Bel exemplaire, mais sans les 4 feuillets préliminaires.

506. —— nouamente ritrouati per la Nauigatione di Spagna in Calicut. Et da Albertutio Vesputio Fiorentino intitulato Mondo. *Stampato in Venetia per Zorzo de Ruscone, Milanese,* 1521. In-8, car. ronds à 2 col. Sur le titre une vue de Venise, grav. en bois, vél. blanc.

Bel exemplaire rempli de témoins.

507. **Pauw** (de). Recherches philosophiques sur les Américains, ou Mémoires intéressants pour servir à l'histoire de l'espèce humaine, avec une dissertation sur l'Amérique et les Américains, par Dom Pernety. *Londres,* 1770. 2 vol. in-12, veau.

508. —— Recherches philosophiques sur les Américains, par M. de P*** (Pauw). *Berlin, Decker,* 1768-69. 2 vol. in-8, veau f.

509. **Pennington**. An examination of Beaucham Plantagenets description of New Albion. *Philadelphia,* 1840. In-8, demi-rel. mar. viol.

510. **Philippus Bergomensis.** Novissime historiar. omnium repercussiones que Supplementum supplementi Cronicarum nuncupantur. *Venetiis, per Albertinum de Lissona,* 1503. In-fol. parch.

Première édition, où l'on trouve la longue notice *sur Colomb et la découverte de l'Amérique* (feuillet 441 verso, et f. 442). Elle mérite d'être très-recherchée, non-seulement à cause de la notice que nous citons, mais encore pour les belles et grandes figures sur bois, qui ne se trouvent pas dans toutes les autres éditions. (Bibliotheca americana vetustissima page 102, et Additions, page 13.)
Au commencement du volume une légère mouillure.

511. —— Supplementum Supplementi de le Chroniche vulgare. Nouamēte dal venerādo padre e frate Jacobo Philippo del ordine heremitano primo auctore aggiontoui ꝛ emēdato. Et p. Francesco E. Fiorentino vulgarizato : ꝛ historiato. (A la fin :) *Impresso in Venetia per Georgio di Rusconi. A di XXV de Magio.* M.D.XX. *regnando Leonardo Lauredano di Venetia inclyto Principe.* In-fol. VIII et 356 ff. car. ronds, titre en goth. impr. en rouge et noir et entouré d'une bordure, nombr. fig. en bois, cart.

Première édition de cette traduction, non citée dans la Bibliotheca americana vetustissima. Le passage sur Colomb et la découverte de l'Amérique occupe les feuillets 352 et 345. La gravure du titre porte le monogramme F. V. Voir aussi les nº 2052 et 2053 de notre catalogue.

512. —— Supplementum Supplementi delle croniche. Novamente revisto, vulgarizato et historiato; con la gionta del 1534 insino al 1535. *Veneti* (sic), *Bernardino Bindone,* 1535. In-fol. cart.

Cette édition, qui contient les belles gravures sur bois de 1503, et de larges bordures, n'est pas citée dans la *Bibliotheca amer. vet.* Le chapitre sur l'Amérique occupe les feuillets 345 et 353. Bibl. amer. vetust., pages 334 et 335.

513. **Pii II.** Pont. Max. Asiæ Europæque elegantissima descriptio. Accessit Henrici Glareani, Heluetii, compendiaria Asiæ, Africæ, Europæque descriptio. *Parisiis, apud Claudium Cheuallonium,* 1534. In-8, VIII ff. prél. et 522 pages, car. ronds, vél.

Ce volume n'est pas cité dans la *Bibliotheca americana vetustissima.*

514. **Pizarro** y Orellana. Varones illustres del Nuevo Mundo, descubridores, conquistadores, y pacificadores de las Indias occidentales. *Madrid, Diaz de la Carrera,* 1639. In-fol. demi-rel.

Exemplaire de la vente Andrade, vendu 150 fr.

515. **Plan de Mexico,** faisant partie de : Præclara Ferdinandi Cortesii de nova Maris Oceani Hyspania narratio. *Norimbergæ, Peypus,* 1524. In-fol.

Comme ce plan manque à beaucoup d'exemplaires du livre indiqué, nous en avons fait faire un fac-simile exact. Quatre exemplaires.

516. **Poussin.** Considérations sur le régime démocratique qui régit l'Union américaine, par G.-T. Poussin. *Paris,* 1841. In-8, demi-rel. veau r.

517. **Pomponii Melæ** Hispani Libri de situ orbis tres, adjectis Joachimi Valdiani Heluetii in eosdem scholiis. *Impressus Viennæ Pannoniæ expensis Lucæ Alantse, per Ioannem Singrenium,* 1518. In-fol. rel. en bois.

Bibliotheca americana vetustissima, pages 160, 161. Notre exemplaire est dans sa première reliure, marqué C. F. 1519. L'ancien possessenr a ajouté un grand nombre de cartes, dessinées à la plume et coloriées, qui se trouvent reliées à la fin du volume.

518. —— de situ orbis libri III et C.-J. Solini Polyhistor. *Basileæ, ex officina Henricpetrina,* 1576. Pet. in-8, cartes grav. sur bois, vél.

519. **Porcacchi.** L'Isole più famose del mondo. *Padova,* 1620. In-fol. cartes, demi-rel. vél.

520. **Portulan** du commencement du XVIe siècle sur PARCHEMIN, *Johannes et Franciscus Oliua fecerunt in nobili urbe Messanæ.* Cette grande et curieuse carte maritime en couleurs, bien dessinée, comprend la Méditerranée, la mer Noire, les côtes de l'Afrique jusqu'aux îles du cap Vert, les îles Açores, les côtes de l'Espagne, de la France, de la Grande-Bretagne et de l'Irlande.

Hauteur 86 centimètres, largeur 55 cent.
Les indications géographiques de cette carte sont d'une belle écriture. On y re-

marque les pavillons des différents pays, des vues de villes quelque peu fantastiques, des animaux dont la licorne, etc.

521. **Poyvre.** Voyages d'un philosophe, ou observations sur les mœurs et les arts des peuples de l'Afrique, de l'Asie et de l'Amérique, par Poyvre. *Maestricht*, 1779. In-12, broch.

522. **Proprium** Sanctorum Hispanorum, qui generaliter in Hispania celebrantur. *Antverpiæ, ex off. Plantiniana apud viduam Balt. Moreti*, 1702. In-8, impr. en rouge et noir, broch.

Contient aussi les saints de l'Amérique du Sud.

523. **Prudentii** Opera que in hoc libro continentur : Cathemirion. Peristephanon. Psycomachia. Apotheosis. Amastigenia, etc. *Impressum fuit hoc opus in civitate Lucronii per Arnaldum Guillermũ de Brocario*, 1512. In-4, goth., vél. blanc.

Exemplaire avec la lettre d'Antoine de Lebrixa à J. Ramirez, Bibliotheca americana vetustissima, Additions, nº 44.

524. **Ptolemæus.** Theatrum geographiæ veteris, in quo Claudii Ptolemæi geographiæ libri octo, græce et latine, opera P. Bertii. — Tabularum ptolemaicarum delineatio, ex Ptolemæi geographicis libris Agathodæmon delineavit orbem habitabilem, has vero tabulas descripsit G. Mercator. *Lugduni Batavor., excudebat typis suis Isaacus Elzevirius, sumptibus Jod. Hondii*, 1618. 3 tomes en 1 vol. gr. in-fol., carte grav. en taille douce, vél. de Holl.

Recueil précieux, rare et recherché. Il est conforme à la description de M. Brunet, avec l'appendice III tab. africana et le second frontispice daté de 1619. Le verso du feuillet qui contient la dédicace à Louis XIII est blanc. L'exemplaire, qui a un timbre de bibliothèque sur le titre, est sans taches de rousseur.

525. —— Liber geographiæ, cum tabulis et universali figura, et una additione locorum quæ a recentioribus reperta sunt, diligenti cura emendatus et impressus (cum annotat. Sylvani Ebolensis). *Venetiis, per Jacobum Pentium de Leucho*, 1511. Gr. in-fol. cartes, grav. sur bois, mar. vert, plats ornés, tr. dor. (*Petit.*)

Édition rare et fort importante. Les noms des pays, peuples et mers qui se trouvent dans les cartes sont imprimés en rouge; les noms des villes, en noir; ces cartes sont d'une exécution remarquable.

526. —— auctus, restitutus, emaculatus. Græce et latine. *Joannes Scotus Argentoráti literis excepit, anno* 1520. Très-grand in-fol., cartes grav. en bois et coloriées, bas. gaufr. (*Quelques légères mouillures.*)

Bibliotheca americana vetustissima, Additions, nº 58. Le beau titre gravé en bois est, dans notre exemplaire, colorié avec soin, et il porte en bas de la bordure les armes du Portugal. M. d'Avezac (Martin Hylaronylus, page 157) donne 59 feuillets à la première partie; elle n'en contient seulement que 57, la pagination saute de 10 à 13 sans qu'il y manque quelque chose.

527. —— Claudii Ptolemæi geographicæ enarrationis libri octo, Bilibaldo Pirckheymero interprete. *Argentorati, Jo. Grieninger*, 1525. In-fol. fig. et cartes grav. en bois, demi-rel.

Bibliotheca americana vetustissima nº 135. Légère mouillure.

528. **Ptolemæi** Geographicæ enarrationis libri octo, ex Bilibaldi Pirckheymeri translatione a Mich. Villanovano (Serveto) recogniti. *Lugduni, M. et G. Trechsel,* 1535. Gr. in-fol. fig. en bois, bordures dans le genre de Holbein et cartes, demi-rel. vél.

Première édition, publiée par Serveto, très-rare, Bibliotheca americana vetustissima, n° 210. Elle contient un certain nombre de belles bordures grav. en bois dont une porte le monogramme G, accompagné d'un compas et d'une équerre. L'exemplaire a une légère mouillure dans la marge des premiers et derniers feuillets.

529. —— Claudii Ptolemæi Alexandrini Geographicæ Enarrationis libri octo. Ex Bilibaldi Pirckheymeri tralatione, sed ad græca et prisca à Michaele Villanouano (Serveto) secundo recogniti et locis innumeris denuo castigati. *Excudebat Gaspar Trechsel, Viennæ,* 1541. Gr. in-fol. Avec 50 cartes et de nombreuses bordures grav. en bois, vél.

Édition extrêmement rare. Exemplaire grand de marges, mais mouillé.

530. —— Geographia universalis ex Bil. Pirckheymeri translatione (ed. Seb. Münster). *Basileæ, ex off. Henricpetri,* 1552. Fig. en bois et cartes, parch.

Cette édition contient des cartes spéciales de l'Amérique.

531. —— Geographia, olim a B. Pirckheimero translata, ac nunc collecta a J. Moletio. *Venetiis, Valgrisius,* 1562. In-4, cartes grav. en taille-douce, vél.

532. —— Geographia a B. Pirckheimero translata. *Venetiis, Valgrisius,* 1562. In-4, cartes grav. en taille-douce, bas.

533. —— Geographiæ universæ, tum veteris, tum novæ, opus, illustr. a Joa. Magnino. *Coloniæ, Keschedt,* 1597. In-4, cartes grav. en taille douce, rel.

La souscription de l'Amérique comprend les ff. 779 à 792 de la IIe partie.

534. **Ramusio.** Delle Navigationi et viaggi raccolte da M. Gio. Battista Ramusio, in tre volumini divise : nelle quali con relatione fedelissima si descriuono tutti quei paesi, che da già 300 anni sono stati scoperti. *Venetia, appresso i Giunti.* Ier *vol.* 1613, IIe *vol.* 1583, IIIe *vol.* 1606. 3 vol. in-fol. fig. et cartes, parch.

Tous les volumes sont de bonne date. L'exemplaire a quelques légères mouillures; il est du reste beau et presque non rogné.

535. **Rauwolfen** (Leonarti) aigentliche Beschreibung der Rayss, so er in die Morgenlaender..... volbracht. *Getruckt zu Laugingen, durch Leonhart Reinmichel,* 1583. In-4, vél.

Cette édition est augmentée d'une quatrième partie, qui contient la représentation de différentes plantes médicinales observées par l'auteur en Orient.

536. **Raynal.** Histoire philosophique et politique des isles françoises dans les Indes occidentales. *Lausanne,* 1784. In-8, portrait, cart.

537. **Recueil** de divers voyages faits en Afrique et en Amérique, qui n'ont point esté encore publiez ; contenant l'origine, les mœurs, les

coutumes et le commerce des habitants de ces deux parties du monde, avec des traitez curieux touchant la haute Ethyopie, le débordement du Nil, la mer Rouge, et le Prete-Jean. Le tout enrichi de figures et de cartes géographiques qui servent à l'intelligence des choses contenues en ce volume. *Paris*, 1674. In-4, cartes, veau.

538. —— des décrets apostoliques et des ordonnances du roi de Portugal concernant la conduite des jésuites dans le Paraguay; les moyens employés pour en procurer la réforme; l'attentat du 3 septembre 1758; les suites de l'attentat, etc., trad. par B. Phaff. *Amsterdam, Rey*, 1760. 4 part. en 1 vol. In-8, bas.

539. **Reich** (das brittische) in America, sammt dem eroberten Canada. *Sorau*, 1761. 2 part. 1 vol. in-8, vue de Québec et 3 cartes, cart.

540. **Relation** de ce qui s'est passé en la Nouvelle-France ès années 1643-1644, par le R. P. Barth. Vimont. — Relation de ce qui s'est passé dans le pays des Hurons, 1642-43, par le P. Hier. Lalemant. *Paris, Cramoisy*, 1645. 2 part. en 1 vol. Pet. in-8, vél.

541. —— de ce qui s'est passé en la Mission des Pères de la Comp. de Jésus aux Hurons ès-années de 1648 et 1649, par le P. Paul Ragueneau. *Paris, Séb. et Gabr. Cramoisy*, 1650. In-8, vél. blanc.

542. —— de ce qui s'est passé aux Missions de la Compagnie de Jésus en la Nouvelle-France, ès-années 1661-62. *Paris, Mabr. Cramoisy*, 1663. In-8, parch.

Piqûre dans la marge du bas.

543. —— de ce qui s'est passé aux Missions en la Nouvelle-France, les années 1670-1671 (par Claude d'Ablon.). *Paris, Séb. Mabre-Cramoisy*, 1672. In-8, parch.

La carte mentionnée par M. Haaisse ne se trouve pas dans le volume.

544. —— historique de l'expédition contre les Indiens de l'Ohio, en 1764. *Amsterdam, Rey*, 1769. In-8, fig. et cartes, vél.

545. —— historique du détrônement du roy de Perse, et des révolutions arrivées pendant les années 1722 à 1725. *Paris, Huart*, 1727. 2 cahiers in-4, broch.

546. **Remonstrantie** by de Heeren de Benint-hebbern van de West-Indische compagnie der Vereenighde Nederlanden, op ende jegens Verscheidene Memorien van den Her Resident charisius wegens de Deensche Africaensche compagnie. *Amsterdam, de Koningh*, 1664. In-4 goth. 32 pages, cart.

Petite piqûre dans la marge du fond.

547. **Riva-Aguero** (Don Jose de la). Memoria dirijida desde Amberes al Congreso del Peru. *Santiago de Chile*, 1828. In-8, demi-rel.

548. **Rochefort.** Histoire des îles Antilles de l'Amérique. Seconde édition, avec un vocabulaire caraïbe. *Rotterdam, Leers,* 1665. In-4, fig. demi-rel. chagr.

549. —— Tableau de l'isle de Tabago ou de la Nouvelle-Oüalchre, l'une des isles Antilles de l'Amérique, dépendante de la souveraineté des hauts et puissants seigneurs des Estats Généraux des Provinces-Unies des Païs-Bas (*avec la déclaration*). *Leyde*, 1665. In-12, demi-rel. chagr.

550. —— Tableau de l'isle de Tabago ou de la Nouvelle-Oüalchre, l'une des isles Antilles de l'Amérique, dépendante de la souveraineté des hauts et puissants seigneurs des Estats Généraux des Provinces-Unies des Païs-Bas. *Paris*, 1666. In-12, veau.

551. **Roman politique** sur l'état présent des affaires de l'Amérique. *Amsterdam et Paris, Duchesne*, 1756, in-12 vél.

552. **Ross.** Les Religions du monde, ou Démonstration de toutes les religions et hérésies de l'Asie, Afrique, Amérique et de l'Europe. *Amsterdam, Wolfgang*, 1686, 3 vol. in-12, fig. vél. blanc.

553. **Rovenices**, Ph. Tractatus de missionibus ad propagandam fidem et conversionem Infidelium. *Lovani, H. Hastenius*, 1624, in-8 vél.

554. **Saba**, O. P. de Vicennalia sacra Peruviana, sive de viris Peruvianis religione illustribus hisce viginti annis gloriosa morte functis. *Ferrariæ*. 1788, in-8, demi-rel.

555. **Saint-Amant.** Des Colonies, particulièrement de la Guyane française en 1821. *Paris*, 1822. In-8, demi-rel. cuir de Russie.

556. **Simon.** Brasilische Reise, von einem Teutschen Soldaten in America, wie es ihm allda ergangen, auch Leib und Lebens-Gefahr allda ausstehen meissen. Nahmens, Lorentz Simon aus Sachsen. *Gedruckt im Jahr* 1677. In-4 goth. 4 feuillets et une grande planche grav. sur cuivre, vue de Pernambuco, br.

Pièce peu intéressante, mais rarissime. L'auteur était de 1641-1654 au Brésil.

557. **Solini** Julii Polyhistor, rerum toto orbe memorabilium thesaurus. Huic Pomponii Melæ de situ orbis libros tres adjunximus. His accesserunt Petri Oliuarii Valentini annotationes. *Basileæ, apud Mich. Isingrinium*, 1543. In-fol. titre, IX ff. prél. 230 pages et 1 feuillet pour la marque de l'imprimeur, plus 2 cartes hors texte, fig. en bois, peau de tr.

Ce livre se trouve cité dans la *Bibliotheca americana* (Addit., p. 145.)

558. **Solis.** Histoire de la conquête du Mexique par Fernand Cortez, trad. de l'espagnol de D. Ant. de Solis, par l'auteur du Triumvirat. *La Haye, Moetjens*, 1692. In-12, fig. vél.

559. —— Histoire de la Conquête du Mexique ou de la Nouvelle-Espagne, par Fernand Cortez. Trad. de l'espagnol de D. Ant. Solis. *Paris*, 1704. 2 vol. in-12, fig. vél.

560. —— Istoria della conquista del Messico, tradotta in Toscano per P. C. Cecchi. *Firenze*, 1699. In-4, portr. et fig. vél.

561. **Sphera volgare** novamente || tradotta con molte notande || additioni di Geometria, Kosmo- || graphia || Arte Navigatoria, et Stereometria, Proportioni, et || quantita delli elementi, distan || ze, grandeze, et movimenti di || tutti li corpi celesti, cose certamente rare et maravigliose. || Authore M. Mauro Fiorentino || Phonasco et Philoponareto. || A messer Giovann Orthega || di Cario Burgense Hispano, et Dino || Compagni Patritio Florentino, || Mathematici. || (A la fin :) *Impresso in Venetia per Bartholomeo Zanetti ad instantia e requisitione || di M. Giouann' Orthega de Carion Burgensi Hispano || Comoranti in Firenze*, 1537, *mense Octobri*. In-4. 55 ff. fig. en bois, vél.

Bibliotheca americana vetustissima, n° 219, page 352.

562. **Stuart en Kuypers**. De mensch zovals hij voorkomt op den bekenden aardbol. (Les différentes races de l'homme et leur distribution sur le globe.) *Amsterdam*, 1802-1807, 6 vol. in-8, dem.-rel. chagr. vert.

Ouvrage d'une belle exécution, orné de nombreuses planches coloriées. Il traite principalement de l'Asie, de l'Afrique et de l'Amérique.

563. **Teixeira** (J.) De Portugaliæ Ortu, regni initiis, et de regibus, universoque Regno præclare gestis. *Parisiis*, *J. Mettayer*, 1582. In-4, tableau généalogique tiré en rouge et noir, cart.

Le volume contient quelques notices concernant l'Amérique.

564. **Terra Rosa.** Riflessioni geografiche circa le terre incognite. *Padova*, *Cadorino*, 1686. In-4, portrait vél.

565. **Thevet**. Les Singularitez de la France Antarctique, autrement nommée Inde Amérique, et de plusieurs Terres et Isles découvertes de nostre temps, par F. André Theuet, natif d'Angoulesme. *Paris, chez les héritiers de la Porte*, 1558. Pet. in-4, fig. en bois, vél. bl.

566. —— Historia dell' India America detta altremente Francia Antarctica, di M. Andrea Thevet. Tradotta di francese de M. Gius. Horologgi. *Vinegia*, *Gabr. Giolito*, 1561. In-8, parch.

Bel exemplaire.

567. **Ulugh Beigh**. Epochæ celebriores, astronomis, historicis et chronologis Chataiorum, Syrogræcorum, Arabum, Persarum, Chorasmiorum usitatæ. Arab. et lat. cum comm. ed. Jo. Gravius. *Londini*, 1660. — Abulfedæ regionum extra fluvium Oxum descriptio. Arab. et lat. *Londini*, 1660. In-4. cart.

568. **Vadianus**. Epitome trium terre partium, Asiæ, Africæ et Europæ. (A la fin :) De insulis Oceani. Per Ioach. Vadianum. *Tiguri, apud Chr. Froschoverum*, 1534. In-8, cart.

Très-bel exemplaire d'une édition fort rare, non citée dans Rudolphi, Froschover; mais décrite exactement dans la Bibliotheca americana vetustissima. Additions, pages 110 et 111. Le passage concernant l'Amérique se trouve à la page 551.

569. —— Epitome trium terræ partium Asiæ, Africæ et Europæ compendiariam locorum descriptionem continens, per Joachimum Vadianum. *Tiguri, Chr. Froschover*, 1534. In fol. Grande mappemonde avec le nom « *America* » gravé en bois, cart.

570. **Valades,** Didacus. Rhetorica christiana ad concionandi et orandi usum accommodata, utriusq. facultatis exemplis suo loco insertis ; quæ quidem ex Indorum maxime deprompta sunt historiis, unde præter doctrinam, summa quoque delectatio comparabitur. *Perusiæ, apud Petrum Iacobum Petrutium*, 1579. In-4, front. grav. avec 22 curieuses fig. en taille-douce, cart.

Volume très-rare. Une partie des planches porte l'inscription : *F. Diedacus Valades fecit*. Valades était missionnaire au Mexique.

571. **Varnhagen.** Examen de quelques points de l'histoire géographique du Brésil, par M. A. de Varnhagen. *Paris*, 1858. In-8, 70 pages et une mappemonde, br.

572. —— La Verdadera Guanahani de Colon, par Don Francisco Ad. de Varnhagen. *Santiago, Imprenta nacional*, 1861. Très-grand in-8, 16 pages et une grande carte pliée, br.

573. **Velasco** (A.-A. de). Exaltacion de la divina misericordia en la milagrosa renovacion de la soberana imagen de Christo crucificado. *Mexico, J. de Jaurregui*, 1776,, *in-4*, 8 *ff. prél.* 134 pages et 1 f. de table, vél.

574. **Ver** (Gérard de). Tre Navigationi fatti dagli Olandesi e Zelandesi al Settentrione nella Norvegia, Moscovia e Tartaria verso il Catai e regno de Sini, doue scopersero il Mare di Veygatz, la Nuova Zembla, et un paese nell' ottantesimo grado creduto la Groenlandia. *Venetia, Ciotti*, 1599. In-4, 4 ff. chiffr. et 1 feuillet blanc, demi-rel.

Traduction par G. G. Parisis, avec 32 planches en taille-douce dans le texte.

575. **Vital de Oliveira** (M.. Ant.). Descripção da costa de Brasil de Pitimbu a São Bento e de todas as barras, portos e rios de litoral da provincia de Pernambuco. *Recife, E. de Faria*, 1855. In-8, br.

576. **Voyage** du général Lafayette aux États-Unis de l'Amérique en 1824 et 1825. *Paris*, 1826, in-8, portr. dem.-rel.

577. **Waldeck** (F. de). Voyage pittoresque et archéologique dans la province de Yucatan, pendant les années 1834-1836. *Paris*, 1838. Gr. in-fol. fig. et cartes, demi-rel. chagr.

Nombreuses planches d'antiquités.

578. **Whitney**. Le Colorado aux États-Unis d'Amérique. Liste des minerais exposés en 1867 à Paris, trad. par G. Naquet. *Paris*, 1867. In-4, 2 cartes, broch.

579. **Wytflet** (Corn.). Descriptionis Ptolemaicæ Augmentum, sive Occidentis notitia. *Lovanii, typis Gerardi Rivii*, 1598. In-fol. avec une mappemonde et 18 grandes cartes des différentes parties de l'Amérique grav. en taille-douce, veau vert, fil.

580. —— Descriptionis Ptolemaicæ augmentum, sive Occidentis notitia in hac secunda editione magna sui parte aucta. *Duaci, apud fr. Fabri*, 1603. In-fol. cartes, veau vert.

581. **Zarate**. Le Historie dello scoprimento et conquista del Perù..., nuovamente di lingua castigliana tradotte da Alf. Ulloa. *Vinegia, G. Giolito*, 1563. Pet. in-4, caract. ital. cart.

Exemplaire rempli de témoins.

SUPPLÉMENT.

582. **Æsopi** Fabellæ, Gabriæ fabulæ Batrachomyomachia. Musæus, Agapetus, græce et latine. *Basileæ, ex off. Jo Frobenii*, 1524. — Euripidis tragœdiæ duæ, Hecuba et Iphigenia in Aulide. *Basileæ, Frobenius*, 1524. Graece et lat. 2 vol. en un, gr. in-8, maroq. br. gaufr. (*Première reliure.*)

Curieuse reliure avec ornements renaissance, blasons, etc., datée de 1522. Elle a besoin d'une restauration.

583. **Ailly** (P. d'). Concordantia astronomie cum theologia. Concordantia astronomie cum hystorica narratione. Et elucidarium duorum precedentium : dñi Petri de Aliaco, cardinalis Cameracensis. *Augustæ Vindelicor., Erhardus Ratdolt*, 1490. In-4. goth. cart. non rogné.

Quelques notes manuscrites sur les marges.

584. **Aitsinger**. De Leone belgico, ejusque topographica atque historica descriptione liber, quinque partibus Gubernatorum Philippi regis Hispaniarum ordine distinctus insuper et eleg. illius artificis Francisci Hogenbergii CXII figuris ornatus. Michaele Aitsingero auctore. *Coloniæ Ubiorum, G. Campensis*, 1583, in-fol. fig. en taille-douce et cart. vél. à comp.

Première édition. Exemplaire de dédicace à l'empereur Rodolphe II. La grande carte, coloriée à l'époque, a été doublée. L'exemplaire est très-beau d'épreuves et d'une conservation parfaite.

585. **Alciat.** Emblèmes d'Alciat, de nouueau translatés en françois vers pour vers, jouxte le latin, ordonnez en lieux communs, auec briefues expositions et figures uouuelles, appropriées aux derniers emblèmes. *Lyon, M. Bonhomme,* 1549. In-8, fig. en bois et bordures à chaque page, maroq. rouge, fil. plats ornés, tr. dor. (*Lortic.*)

Bel exemplaire.

586. **Alvarez** de Colmenar (Juan). Annales d'Espagne et de Portugal, avec la description de tout ce qu'il y a de plus remarquable en Espagne et en Portugal. *Amsterdam,* 1741. 4 vol. gr. in-4, cartes et fig. en taille-douce, veau.

587. **Amérique.** La Historia del Mondo Nuovo di M. Girolamo Benzoni, Milanese. *Venetia, Pietro et Francesco Tini,* 1572. Pet. in-8, fig. en bois, vél. blanc.

Légères taches sur quelques marges.

588. —— Gründlicher Bericht von Erschaffenheit und Eigenschafft, Cultivirung und Bevohnung dess in America zwischen dem Rio Orinoque und Rio de las Amazonas an der vesten Küstlin der Landschafft Guiana gelegenen, sich 30 Meil wegs breit an der See und 100 Meil wegs in die Tieffe erstreckenden Strich Landes. Welchen die West-Indische Compagnie der Niederlanden, den 18 julii 1669, cedirt und überlassen hat. *Franckfurt, bey Iohan Kurbenbecker,* 1669. In-4, 54 pages, 1 feuillet blanc, une grande carte gravée par Thelot, cart.

Extrêmement rare.

589. —— La Historia generale delle Indie Occidentali, con tutti i discoprimenti et cose notabili. Scritta per Francesco Lopez de Gomara in lingua spagnuola, et tradotta per Agustino de Cravaliz. *In Roma, Valerio et Luigi Dorici,* 1556. In-4, parch.

Notes manuscrites sur les marges.

590. —— Narratio regionum indicarum per Hispanos quosdam devastatarum verissima : per episcopum Bartholomæum Casæum conscripta, latine excusa. *Oppenhemii, sumtibus Io. Th. de Bry,* 1614. In-4, front. grav. et 17 planches grav. en taille-douce, cart.

591. —— Le Miroir de la Tyrannie espagnole perpétrée aux Indes occidentales. On verra icy la cruauté plus qu'inhumaine, commise par les Espagnols, aussi la description de ces terres, peuples, et leur nature. Mise en lumière par un évesque, Bartholomé de Las Casas. *Amsterdam, Evertes Toppenburg,* 1620. In-4, front. grav. et fig. en taille-douce, vél. blanc.

592. —— Obras del illustrissimo Don Juan Palafox y Mendoza, de los supremos consejos de Indias y Aragon. *Madrid,* 1762. 15 tom., 13

vol. in-fol., front. grav. et portr. de Charles III, mar. rouge, large dent. tr. dor. (*Anc. rel.*)

Bel exemplaire aux armes d'Espagne.

593. **Anacréon,** Sapho, Bion et Moschus, traduction nouvelle en prose, suivie de la Veillée des fêtes de Vénus, par M*** C**. *Paris, Bastien*, 1780. In-8, front. grav., une planche pour Héro et Léandre, vignettes et culs-de-lampe par Eisen, d.-rel. bas.

594. **Androuet du Cerceau.** Le Premier volume des plus excellents Bastiments de France, auquel sont désignez les plans de quinze Bastiments et de leur contenu, ensemble les élévations et singularitez de chacun (le Louvre, Vincennes, Chambourg, Boulongne dit Madrid, Creil, Coussy, Folembray, Montargis, Saint-Germain, la Muette, Vallery, Verneuil, Aussy-le-Franc, Gaillon, Manne), par Jacques Androuet du Cerceau. *Paris,* 1576. — Le Second Volume des bastiments de France (Blois, Amboise, Fontainebleau, Villers-Costerets, Charleval, les Thuileries, Saint-Maur, Chenonceau, Chantilly, Anet, Escovan, Dampierre, Challuau, Beauregard, Bury). *A Paris, pour ledit Androuet du Cerceau,* 1579. 2 vol. en un, in-fol. carré, fig. en taille-douce, vél.

Exemplaire bien conservé, grand de marges et beau d'épreuves; ex biblioth. Jos. Ren. Cardin. Imperialis. Il a quelques très-légères mouillures, et de petites fentes dans les marges de quelques planches doublées.

595. —— La Ville, cité et université de Paris. In-fol.

LE CÉLÈBRE PLAN DE PARIS, grav. par Androuet du Cerceau, d'une insigne rareté, et dont on ne connaît que quelques exemplaires (à la Bibliothèque nationale, dans la riche collection de M. A. Destailleurs, et peut-être d'autres dont nous ignorons l'existence). L'exemplaire de M. Gilbert, acheté par la ville de Paris plus de 2000 francs, a été brûlé à l'incendie de l'Hôtel de Ville en 1871.

596. **Antonino.** Iesus. Maria. Dominicus. || ( ) N..... cioè Vno Confessionale || del Reuerẽdissimo padre beato frate An || tonio arciuescouo di Fiorenze de lordine de' frati || predicatori intitulato Specchio di conscientia : el quale || e libro degno et utile ache desidera de sal || uare lanima. *S. l. n. d.* (*Florentiæ, circa* 1478). In-4, car. ronds, maroq. la Vall. tr. dor. (*Gruel.*)

Première édition, très-rare. Bel exemplaire.

597. **Apologie** de Louis XIV et de son conseil sur la révocation de l'Édit de Nantes, pour servir de réponse à la lettre d'un Patriote sur la tolérance civile des Protestants en France, avec une dissertation sur la journée de la S.-Barthélemi. *S. l.*, 1758. In-8, papier de Holl. maroq. rouge comp. (*Aux armes du cardinal de La Vieuville.*)

Riche reliure ancienne parsemée de lions et de croissants.

598. **Apulei** Lucii Platonici ꝛ Aristotelici philosophi Epitóma diuinũ de mundo seu Cosmographia, ductu Conradi Celtis Impressũ Vienne. A la fin : *Impressum per Joann. de hiberna arce haud procul a ripis*

Rhenanis — Ex verbi inuentrice z parente impressorie — Artis, Moguncíaco feliciter (1497). Pet. in-fol. goth. 6 ff. cart.

599. **Aretino.** A la bonta somma del magnanimo signore Baldovino de Monte, il quinto de le lettere di M. Pietro Aretino, per diuina gratia huomo libero. *Venegia, per Comin da Trino di Monferrato,* 1550. Pet. in-8, parch.

Édition originale, très-rare. Bel exemplaire avec le dernier feuillet blanc.

600. **Armorial** de la Finlande. Samling af Wäpen for de Adelige atter nom ä ro introducerade : Storförstendomet Finlands Riddarhus. *Helsingfors,* 1840-43, gr. in-4, 210 blasons et texte en suédois et français, 195 pages. Cart. non rogné.

601. **Articles** accordez par le grand Seigneur en faveur du roy et de ses subjects à messire Claude du Bourg, pour la liberté et seureté du trafficq, commerce et passage es païs et mers de Leuant. *Paris, Jean de Bordeaux,* 1570. Pet. in-8, 12 ff. cart.

602. **Atlas** manuscrit, composé de quatorze cartes en vélin dressées sur carton, formant avec le frontispice un volume de vingt-neuf feuillets. Chaque carte, repliée en deux feuillets, mesure 38 centimètres de largeur sur 26 centimètres de hauteur. Ces cartes, rehaussées d'or, et peintes de couleurs variées, constituent un portulan qui paraît devoir être attribué au XVIme siècle. Les légendes sont en langue italienne. Gr. in-4, demi-rel. maroq. rouge.

Cinq de ces belles cartes donnent des détails curieux sur l'Amérique.

603. **Audiffredi** (J.-B.) Catalogus historico-criticus editionum romanarum seculi XV. *Romæ, ex typographio paleariniano,* 1783. In-4, vél.

604. —— Catalogus historico-criticus editionum italicarum sæculi XV. *Romæ,* 1794. In-4, br. (*Quelques taches de rousseur.*)

605. **Augustinus.** De Arte prædicandi. *Argentorati, J. Mentelin* (1465). In-fol. 22 ff. dont le dernier blanc, parch.

Très-bel exemplaire de l'édition commençant au verso. M. Madden a prouvé dans ses lettres d'un bibliographe, IIme série, pages 56 et suivantes, que cette édition est antérieure à celle de Fust et la première de toutes.

606. **Auli Gellii** Noctium Atticarum libri undeviginti. *Venetiis, in ædibus Aldi et Andreæ soceri,* 1515. Pet. in-8, maroq. bleu, fil. milieu de plat, tr. dor. (*Jolie reliure ancienne.*)

607. **Auertissemens** (les) es trois estatz du mõde selon la signification de ung monstre de lan mille. V. cẽs z xij. par lesquelz on pourra prendre auis a soy regir a touioursmais. *Imprime a Valence (marque de Iehan Belon), lan mil v. c. xiij* (1513) *le xviij de septembre.* In-4 allongé, goth. 62 ff. non chiffr. à 2 col. non rel. (*Première tranche.*)

Bel exemplaire d'un livre intéressant et extrêmement rare, imprimé en gros caractères gothiques carrés. Le titre est orné de six jolies gravures en bois. On trouve dans ce volume, qui est important sous le rapport de la langue, des passages très-singuliers.

608. **Balbus**. Hieronymi Balbi utriusque juris doctoris necnon poete atque oratoris insignis : opusculum epigrammaton. (A la fin :) *Exaratum fuit industria Joannis Winterburg in celeberrima urbe Wiennen̄.* 1494. In-4, goth. 22 ff. cart.

609. **Barozzi** (Franc.). Il nobilissimo et antiquissimo giuoco Pythagoreo nominato Rythmomachia, cioè battaglia de' consonanti e de' numeri. *Venetia, Perchacino*, 1572. In-4, fig. en bois, cart.

610. **Barros**. Proverbios morales de Alonso de Varros, concordados por el Maestro Bartolome Ximenez Paton. *En Baeça, por Pedro de la Cuesta. vendense en Villanueua de los infantes*, 1615. In-4, XII ff. prél. 78 ff. chiffr. et 2 ff. non chiffr. pour un Catalogo de Autores, demi-rel. chagr.

611. **Bartholini** (Th.) Jo. Henr. Meibomii, de usu flagrorum in re medica et veneria. *Francofurti, D. Paullus*, 1670. Lyda Antimachi, sive solamen in adversis. Colligente J. L. W (eckmann). *S. l.*, 1669. 2 vol. en un, pet. in-8, vél.

612. **Basan**. Catalogue d'une belle collection de dessins italiens, flamands, hollandois et françois, rassemblée avec soins et dépenses, par M. Neymann. *Paris, Basan et Prault*, 1776, front. grav. et 20 eaux-fortes par Weibrood, Berthaux et autres, vél.

613. **Bedé**. Le Droit des roys contre le cardinal Bellarmin et autres jésuites. Dédié et présenté au roy par J. Bedé, de la Gormandière, Angeuin. *Franckenthal, Roland Pape*, 1611. In-8, IV ff. prél. 130 pages et un feuillet d'errata, parch.

614. **Belaso** (Gio. Batt.). La Cifra del sig. G. B. nuovamente da lui medesimo ridotta à grandissima brevità et perfettione, laqual cifra, benchè sia stampata contiene in se questa maravigliosa bellezza, che tutto il mondo potra usarla, etc. *In Venetia*, 1553. In-4, 4 ff. cart.

615. **Bernardus**. Die deuoto meditariē oft ændarh vanden heyligen eñ honichulœyenden Leraer sinte Bernardus. *Thantwerpen, Symon Cock*, 1249. Pet. in-8, goth. 52 ff. avec 28 gravures en bois, cart.

616. **Berquin**. Idylles, par M. Berquin. *Paris, chez Ruault*, 1775. 2 vol. in-12, front. grav. et 24 figures en taille-douce, d'après Mariller, bas.

Bel exemplaire en grand papier de Hollande.

617. **Biblia sacra**, latine. Pet. in-fol. goth. à 2 col., 553 feuillets d'une hauteur de 288 millim. et d'une hauteur de 205 ff. maroq. brun gaufr. tr. dor. Dans un étui en maroq. (*Gruel.*)

Magnifique manuscrit du XIVe siècle sur PEAU DE VÉLIN, exécuté pour

Giovanni Bentivoglio, seigneur de Bologne, assassiné en 1403 par ses propres sujets. On trouve ses armes 76 fois dans les bordures.

Il est orné dans les initiales de 80 très-belles miniatures de moyenne grandeur, et d'autant de splendides bordures composées d'hommes, d'oiseaux grotesques, ornements, etc., en or et en couleurs. *Chaque chapitre* de cette Bible commence par une initiale en rouge ou en bleu, entourée de *beaux ornements en filigrane*, rouges ou bleus, occupant toute la longueur de la page.

Au verso du feuillet 146 se trouve dans la bordure, au lieu des armes des Bentivoglio, l'aigle allemand avec les lettres I. R. (Imperium romanum). Les Bentivoglio prétendaient descendre de l'empereur Frédéric II.

Ce splendide spécimen de l'art italien du XIVme siècle est parfaitement conservé.

618. —— Biblia sacra, latine. *S. l. et a.* (*sed Coloniæ circa* 1465). 2 vol. pet. in-fol. carré, goth. à 2 col. 373 et 334 feuillets, à 42 ll. par col. sans chiffr. récl. ni signat. peau de tr. gaufr. non rogné.

Bible rarissime, attribuée (*vraisemblablement à tort*) aux presses d'Ulric Zell. Notre exemplaire serait du second tirage; mais, comme tout ce qui a été écrit depuis 100 ans sur les deux éditions est rempli d'erreurs, ce second tirage, vérification faite, pourrait bien devenir le premier. Différents indices parlent pour cette supposition.

L'exemplaire que nous offrons est celui du duc de Sussex; il est parfaitement bien conservé et il est non rogné, mais il y a des notes manuscrites d'une main du xve siècle sur les marges. C'est le seul que le manuel de Brunet cite d'après le catalogue de la bibliothèque Sussexiana, où le nombre des feuillets, par suite d'une ancienne pagination manuscrite fautive, est mal indiqué. La Bible contient 707 feuillets, non compris les feuillets blancs.

619. —— La Biblia, que es, los sacros libros del vieio y nuevo Testamento. Trasladada en español (por Cassiodoro Reyna). *S. l.* (*Basilea*). 1569. In-4, vél.

Première et très-rare édition. Exemplaire presque non rogné, ayant à la fin une légère mouillure.

620. **Bibliander.** Ad clarissimum virum D. Joachimum Vadianum de libris Aphorismorum judicium Theodori Bibliandri. In-4, manuscrit de 12 pages, cart.

Poëme qui paraît être autographe.

621. **Blondel.** De la Distribution des maisons de plaisance et de la décoration des édifices en général. *Paris, Jombert*, 1737-38. 2 vol. in-4, fig. veau, fil.

622. **Boccaccio.** Il Decamerone di M. Giovanni Boccaccio. *Londra* (*Parigi*), 1757. 5 vol. in-8, fig. et vign. de Gravelot, Cochin et autres, veau.

Très-belles épreuves.

623. **Bœttiger** (C. A.). Sabine, ou Matinée d'une dame romaine à sa toilette, à la fin du premier siècle de l'ère chrétienne. Pour servir à l'histoire de la vie privée et à l'intelligence des auteurs anciens. *Paris, Maradan*, 1813. In-8, fig. demi-rel. mar. la Vall. (*Petit.*)

Volume intéressant, devenu rare.

624. **Boissard.** Jani Jacobi Boissardi Vesuntini Emblematum liber. Ipsa Emblemata ab auctore delineata : a Theodoro de Bry sculpta,

et nunc recens in lucem edita. *Francofurti ad Mœnum*, 1593. In-4, front. grav. portr. et fig. en taille-douce, cart.

Bel exemplaire.

625. **Bolla** di Clemente... Papa VII nella quale de conseglio delli Venerabili fratelli suoi, exhorta tutti li Baroni et Feudatori del regno de Napoli a ridursi insieme per la sua defensione et delle Terre della Chiesa Romana, et faccino ogni sforzo di pigliar l'arme contra Pompeo et altri Colonnesi, et contra chi dasessi aiuto a detti Colonnesi, et di monirve gli altri a fare quello medesimo effetto. Et ancho sua Santita absolve li Baroni... *Roma, Minitio Calus*, 1526. In-4, 4 ff. car. ronds, cart.

Pièce intéressante, rarissime.

626. **Bons-Mots** (les) et les belles actions de l'empereur Charles V. Enrichy de plusieurs figures. *Anvers, Th. Spits*, 1683. Pet. in-12, vign. à mi-page, parch.

627. **Borgo** (Lucas Patiolus a). Divina Proportione, opera a tutti gl'ingegni perspicaci e curiosi necessaria, oue ciascun studioso di Philosophia, Prospectiva, Pictura, Sculptura, Architectura, Musica : e altre Mathematice : suavissima, sottile, e admirabile doctrina conseguira. *Venetiis, per Paganinum de Paganinis*, 1509. 4 part. en un vol. in-fol. car. semi-goth, fig. en bois, parch.

Ce volume très-rare, dont les figures ont été gravées d'après les dessins de LÉONARD DE VINCI, contient VI ff. prél., 33 ff. chiffr. et 1 f. blanc, — 26 ff. irrégulièrement chiffrés, le dernier par erreur 27, et 1 fig. représ. une tête. — Un alphabet en 23 ff. (la lettre Z n'a pas été gravée), — 2 planches d'ordres d'architecture, 1 f. Hierosolimis porta templi. — 59 planches chiffr. — 1 planche tirée en rouge et noir avec l'intitulé : Arbor, proportio et proportionalitas. — Le tout suivi d'un feuillet blanc.

Le volume est beau et rempli de témoins; il y a au commencement quelques légères mouillures.

628. **Brenner**. Histoire des révolutions de Hongrie, où l'on donne une idée juste de son légitime gouvernement, depuis l'an 1000 jusqu'à l'an 1711. — Mémoires du prince François Rakoczy et du comte Betlem Niklos. *La Haye, Jean Neaulme*, 1739. 6 vol. in-12, portr. et carte, veau fauve, fil.

Bel exemplaire.

629. **Brunet** (J.-C.). Manuel du libraire et de l'amateur de livres. Cinquième édition. *Paris, Didot*, 1860 et années suiv. 6 vol. très-gr. in-8, broch.

Exemplaire en grand papier, épuisé et très-rare.

630. **Bruscambille**. Advertissement du sieur de Bruscambille sur le voyage d'Espagne. *S. l.*, 1615. In-8, 21 pages cart.

631. **Bulla** absolutionis Concilii Lateranensis cum decreto expeditionis in Turchos generalis. (*Romæ*), 1516. In-4, 4 ff. armes de Léon X grav. en bois sur le titre, cart.

632. **Buscho** (A van den). Cinquante ænigmes françoises, Alexandre Sylvain, avec les expositions d'icelles. Ensemble quelques ænigmes espagnolles du dict autheur, et d'autres. *Paris, Gilles Beys*, 1582. 2 vol. en un, pet. in-8, vél. blanc.

Volume rare, non cité dans le Manuel de Brunet. Bel exemplaire dont la seconde pièce a un timbre de bibliothèque particulière sur le titre. La première partie a IV ff. prél. et 54 ff. chiffr., la seconde, sous le titre : Quarenta ænigmas en lengua española, se compose de IV ff. prél., de 26 ff. chiffr. et de 2 ff. blancs.

633. **Cantipratensis** (Thomas). Incipit liber qui dicitur bonum || universale de p̄prietatibus apum. *S. l. et a.* (*Coloniæ, circa* 1480). In-fol. goth. à 2 col., 134 ff. dont le premier blanc, à 39 et 40 ll. par page, demi-rel. vél.

C'est l'édition citée par Hain, n° 3644. Le Mannel de Bruuet l'attribue à un imprimeur strasbourgeois, et indique la date de 1472. Le volume a des signatures a 2. r 3. Bel exemplaire.

634. **Catalogo** di una raccolta di stampe antiche, compilato dello stesso possessore, march. Malaspina di Sannazaro. *Milano*, 1824-25. 5 vol. in-8, avec 19 planches de monogrammes, br.

635. **Cervantes**. Œuvres diverses de Michel de Cervantes Saavedra. Histoire de l'admirable Don Quichotte, trad. de l'espagnol, enrichie de belles figures dessinées par Coypel et gravées par Folkema et Fokke. *Amsterdam, Arkstée et Mercus*, 1768. 6 vol. — Nouvelles de Michel de Cervantes. *Amsterdam, Arkstée et M.* 1768. 2 vol. fig. en tout 8 vol. pet. in-8, cart. non rogné.

636. —— De voornamste Gevallen van Don Quixote, door Picart den Romein in XXXI Kunstplaaten, na de Shildereyen van Coypel. *In's Hage, P. de Hondt*, 1746. gr. in-4, 31 fig. en taille-douce, demi-rel. non rogné.

637. —— Les Principales Aventures de l'admirable Don Quixotte, représentées en figures par Coypel, Picart le Romain, et autres habiles maîtres, en 31 planches. *Liége, Bassompierre*, 1776. In-fol. fig. en taille-douce, cart. non rogné.

638. **Chants** et chansons populaires de la France. *Paris, Garnier*, 1848. 3 vol. en un, grand in-8, fig. et bordures grav. en taille-douce, demi-rel. maroq. rouge, non rogn. tête dor. (*Gruel.*)

Bel exemplaire.

639. **Chfes-d'œuvre** dramatiques, ou recueil des meilleures pièces du Theâtre-François, tragique, comique et lyrique; avec des discours préliminaires sur les trois genres, et des remarques sur la langue et le goût, par M. Marmontel. *Paris, Grangé*, 1773. In-4, fig. et vign. d'Eisen, cart.

Bel exemplaire, la grande gravure de Venceslas manque.

640. **Chronica** del famoso Cavallero Cid Ruy Diaz Campeador. *En Burgos, en la imprimeria de Philippe de Junta y Juan Varese*, 1593.

In-fol. car. ronds à 2 col. quelques grav. en bois, titre imprimé en rouge et noir, demi-rel. peau de tr.

Bel exemplaire.

641. **Colection** de Trajes de España. Collection de costumes espagnols anciens et modernes. *Paris, Gauguery,* 1786 et ann. suiv. 48 planches color. grav. par Devere, in-fol. cart.

Très-rare. On a ajouté le prospectus daté du 31 oct. 1786. Le quatrième cahier (les planches 37-48) contient les costumes des îles Baléares.

642. **Colin.** Labor evangelico, ministerios apostolicos de los obreros de la Compañia de Iesus, fundacion y progressos de su provincia en las Islas Filipinas. Historiados por el P. Francisco Colin. Parte primera sacada de los manuscriptos del P. Pedro Chirino. *En Madrid, Jos. Fern. de Buendia,* 1663. Front. grav. titre, 1 f. de dédicace, 10 ff. prél. non chiffr., une grande carte, 820 pages de texte à 2 col., et 8 ff. de table. — Historia de la provincia de Philipinas de la compañia de Iesus. Segunda parte, que comprehende los progresos de esta Provincia desde el año de 1616, hasta el de 1716. Por el P. Pedro Murillo Velarde. *Manila, en la Imprenta de la Compañia de Jesus,* 1749. Titre, front. grav. 10 ff. non chiffr. une grande carte, 419 ff. de texte à 2 col., 7 ff. de tables, et 1 f. blanc, 2 vol. in-folio parch.

Le second volume est imprimé sur papier de riz ; on a enlevé sur le titre de cette partie un petit timbre de bibliothèque.

643. **Complainte** (la) du gibet de Montfaucon sur la mort du marquis d'Ancre. *A Amiens, l'an* 1617. In-8, 8 pages cart.

Pièce en vers, rarissime.

644. **Confession** (la) et repentence d'Espernon qu'il a faict contre les catholiques. Envoyé par Zuinglius Antonius, gentilhomme Lyonnois, a mon sieur son cousin de Linon, gentilhomme natif de ladite ville de Lyon, lequel autheur est cogneu d'un chacun desirant l'augmentation de nostre foy catholique, a fait imprimer ceste presante cõfession, laquelle lui auoit esté envoyée de la ville de Bono en Nauarrois, par ledit S. d'Espernon, son très-intime amy. *Imprimé à Esparnay, chez Tarabin Tarabat, de Francfort, s. d.* Pet. in-4, ff. cart.

La confession de M. d'Espernon est en vers.

645. **David** (Jo.). Duodecim Specula Deum aliquando videre desideranti concinnata. *Antverpiæ, ex off. Plantiniana,* 1610. In-8, fig. en taille-douce, demi-rel. chagr. rouge.

646. **Defense** (la) de messire Antöine de Lalaing, comte de Hocstrate, baron de Borssel et de Sombref, chevalier de l'ordre de la Thoison d'or. Contre les fausses et apostées accusations, des cas contenus es lettres patentes d'adiournement personnel impétrées à sa charge : par la iactée et subreptice poursuite, et remonstrance ou requeste au roy du procureur général de crime, dit maistre Jean du Bois. Sans reproche. Lalaing. *Imprimé l'an M.D.LXVIII, mois de may.*

In-4, 44 ff. dont le dernier blanc, les armes de De Lalaing, grav. en bois au titre et à la fin, cart.

Très-bel exemplaire.

647. **Descamps** (J.-B.). La Vie des peintres flamands, allemands et hollandois, avec des portraits gravés en taille-douce. *Paris, Desaint et Saillant*, 1753-63. 4 vol. in-8, v.

Belles épreuves des portraits. Les quatre volumes ont un timbre de bibliothèque sur les titres, et le premier a quelques légères taches.

648. **Deux véritables discours**, l'un contenant le faict entier de toute la guerre de Malte, et l'autre declairant au vray les choses exploictées, tant en l'armée de l'empereur, qu'en celle du Turq et Vayuode, au pays de Hongrie et lieux circonuoysins. Auec le pourtraict de la ville et forteresse de Sygetz, située audit pays de Hongrie. *A Paris, pour Jacques du Puys*, 1567. 2 part. en un vol. pet. in-8, 92 ff. non chiffr. sign. A-Yiij, vél. blanc.

La grande eau-forte qui accompagne le volume a des inscriptions en italien.

649. **Ducale.** Incipit Repertorium commissionis clarissimi Dñi Marci Antonii Grimani, procuratoris Sancti Marci, super commissariis de ultra canale constituti. In-fol. rel. en bois, rec. de veau découpé à riches compartiments en or et couleurs, tr. dor. (*Rel. de l'époque.*)

Magnifique manuscrit sur vélin avec initiales en rouge, bleu et or, daté du 5 novembre 1562. Nous avons vu beaucoup de *Ducale* de cette époque, mais aucun n'était si bien écrit, ni si luxueusement relié. La belle reliure est exécutée en style oriental.

650. **Du Choul** (Guill.). Discours de la religion des anciens Romains. De la castramétation et discipline militaire d'iceux, etc. *Paris, G. Roville*, 1581. 2 vol. en un, in-4, fig. en bois, v.

651. **Durer.** Portenn der Eeren (l'Arc de triomphe de l'empereur Maximilien, gravure sur bois d'après les dessins d'Albert Durer en 1515). In-fol. maximo, cart. en toile.

Suite rarissime d'anciennes épreuves, avant la date de 1559 sous le portrait de Rodolphe, et dont quelques-unes des 12 grandes planches (composées) ne sont pas encore terminées. Quelques raccommodages. Exemplaire Karajan.

652. **Edict** du Roy sur le faict de sa gendarmerie, contenant suppression d'aucunes compaignies d'icelle. *Paris, R. Estienne*, 1563. Pet. in-8, 4 ff. — Mandement du roy pour faire faire la monstre de sa gendarmerie. *Paris, R. Estienne*, 1565. Pet. in-8, cart.

653. **Entrata** (la Triomphale) del Serenissimo Prence di Spagna nell' inclitta citta di Milano. Alli XIX di Decembre. M.D.XLVIII. *In Milano, per Innocentio da Cicognera* (1548). In-4, 6 ff. cart.

654. **Epistole** et Evangelie, et Letioni vulgari in lingua thoscana, nuouamente ristampate. *In Firenze, appresso i Giunti*, 1551. In-folio, 86 ff. chiffr. et 1 f. de table, parch.

Volume très-rare et remarquable, contenant un très-beau titre gravé et

140 gravures en bois au simple trait, beaucoup plus anciennes que l'impression du volume. Aux feuillets 60 et 61, il y a une fente mal raccommodée, mais on peut faire à peu de frais de l'exemplaire un beau livre.

655. **Équitation.** Frider. Griso. Künstelicher Berischt wie die Streitbarn Pferdt zum Ernst und Ritterlicher Kurtzweil geschickt zu machen. *Augspurg, M. Manger, in verlegung G. Willers,* 1573. In-fol. nombr. fig. en bois, cart.

Cette édition a été traduite et publiée par Johann Fayser; elle contient entre autres 20 grandes planches gravées en bois repés. des tournois et des combats de chevaliers. Ces figures sont attribuées à J. Amman.

656. **Escrime.** Di M. Camillo Agrippa trattato di scienza d'arme, et un dialogo in detta materia. *Venetia, Antonio Sinargenti,* 1568. In-4, front. grav. avec portr. et nombr. fig. en taille-douce, cart.

Légère mouillure.

657. —— Opera nova de Achille Marozzo Bolognese, maestro generale de l'arte de l'Armi. *In Venegia, appresso gli heredi di Marchio Sessa,* 1567. In-4, fig. en bois, demi-rel. cuir de Russie.

Les gravures en bois de la grandeur des pages sont assez remarquables.

658. —— Arte dell' armi di Achille Marrozo Bolognesa. *In Venetia, Antonio Pinargenti,* 1568. In-4, front. grav. et fig. demi-rel.

Cette édition contient des gravures en taille-douce, quatre et quatre sur une planche.

659. **Fantis** (S. de). Theorica et pratica perpicacissimi Sigismundi de Fantis Ferrariensis in artem mathematice professoris, de modo scribendi fabricandique omnes litterarum species. *Impressum Venetiis, per Joannem Rubeum Versellĕsem,* M.CCCCC.XIIII. In-4, 68 ff. signé A-Iiii, fig. en bois, cart.

Le Manuel de Brunet mentionne ce volume rare, mais il n'en donne pas le titre, et indique par erreur que chaque page est entourée d'une bordure; il n'y en a qu'une seule, qui a été répétée au commencement de chacun des quatre livres. C'est un traité de la proportion mathématique des lettres, comme ceux de Léonard de Vinci, Geofroy Tory et Dürer.

660. **Foresi** (Bastiano). El Triumpho delle virtu ad præstantissimum virum Laurentium Medicem. In-8, 48 ff. mar. brun gaufr. tr. dor. (*Première reliure.*)

Magnifique manuscrit original et inédit sur PEAU DE VÉLIN en caract. italiques; au premier feuillet les armes de *Laurent* le Magnifique en or et couleurs. On lit à la fin la note autographe :

Marsilius ficinus Laurētio medeci salutem.

Misit ad te Bastianus Foresius poema suum de triumpho virtutum contra vitia, opus tanto hoc titulo dignum. Lege Laurenti poëma et elige poëtam. Num eius qz animo virtutes de vitiis triumphant. Nulla vel dissonantia offendit l' consonnantia magis delectat q' cordis et lingue. Vale.

661. **Franco.** Teatro delle piu moderne imprese de Guerra, fatte si nell' Ungheria, come nella Fiandra, raccolte, disegnate et intagliate

in rame da Giacomo Franco. *In Venetia, presso Giacomo Franco,* 1597. In-4 obl. parch.

Suite de 20 planches, titre compris, gravée en taille-douce, ayant rapport à la guerre de 1595-1596. Elle est fort jolie et d'une grande rareté. Quelques légères taches.

662. **Furmerius.** De rerum usu et abusu auctore Bernardo Furmero. *Antverpiæ, ex off. Chr. Plantini,* 1575. In-4, 27 ff. et 1 f. blanc, mar. rouge, plats ornés, tr. dor. (*Lortic.*)

Bel exemplaire. Le volume est orné de 25 charmantes gravures en taille-douce, dont la seconde porte le monogramme de I. H. Wierix.

663. **Galerie de Dresde.** Recueil d'estampes d'après les célèbres tableaux de la Galerie royale de Dresde, avec une description en italien et français. *Dresde,* 1753-57. 2 vol. in-fol. max. 102 pièces, demi-rel. mar. rouge. (*Gruel.*)

Très-belles épreuves. Le premier volume contient le portrait du roi Auguste III, gravé par Balechou, et le second celui de la reine Marie-Josèphe, gravé par Daullé.

664. **Gallonio** (Ant.). Trattato de gli instrumenti di Martirio, e delle varie maniere di martoriare, usate da' gentili contro christiani, descritte et intagliate in rame. *In Roma, Ascanio e Girolamo Donangeli,* 1591. In-4, eaux-fortes par Tempesta, vél.

Édition originale.

665. **Gemma.** Les Principes d'astronomie et de cosmographie ; avec l'usage du Globe. Le tout composé en latin par Gemma Frizon, et mis en langage françois par Claude de Boissière, Dauphinois. L'exposition de la Mappemonde composée par le dict Boissière. *Paris, H. de Marnef et G. Cauellat,* 1582. In-8, fig. sur bois, parch.

666. **Gheyn** (J. de). Maniement d'armes, d'arquebuzes, mousquetz et piques (texte en français et allemand). *Francfort-s.-Meyn, Conrad Corthoys,* 1609. In-4, fig. au simple trait, parch.

Bel exemplaire d'une édition rarissime, orné de charmantes gravures sur bois. D'autres pièces (en allemand), sur l'art militaire, dans le même volume.

667. **Govea** (Antonio de). Historia de la vida y muerte del gloriosso (*sic*) Partriarcha S. Juan de Dios, fundador de la Religion de la hospitalidad de los pobres enfermos. *Madrid, Melchior Alegre,* 1669. In-4, front. grav. parch.

668. **Goya** y Lucientes. Caprichos. 80 eaux-fortes, in-fol. demi-rel. veau vert.

Bonnes épreuves faites dans le courant de ce siècle.

669. **Gravelot** et **Cochin,** Iconologie en figures, ou Traité complet des allégories, emblèmes, etc. Ouvrage utile aux artistes, aux amateurs, etc. *Paris, le Pan, s. d.,* 4 vol. in-8, fig. en taille-douce, vél.

Grand papier

670. **Grotii** (Hugonis) Syntagma Arateorum, opus poeticæ et Astronomiæ studiosis utilissimum. *Lugd. Batav., ex officina Plantiniana,* 1600. In-4, belles gravures en taille-douce, par J. de Gheyn le vieux, vél.

671. **Guarmani** (Carlo). Gl' Italiani in Terra Santa. Reminiscenzie e ricerche storiche. *Bologna,* 1872. Gr. in-8, pap. vél. XI et 434 pages, broch.

672. **Héliodore.** Les Amours de Théagène et Chariclée, histoire éthiopique d'Héliodore, traduction nouvelle. *Paris, chez Samuel Thiboust,* 1623. In-8, front. grav. et 52 gravures en taille-douce par Michel Lasne, Crispin de Pas et Briot, d'après les dessins de Rabel, cart.

Superbes épreuves. Bel exemplaire grand de marges, avec un feuillet d'errata hors signature à la fin. La page 710 est plus pâle que les autres.

673. **Herbarius** in latina cum figuris. Sans indication de lieu, de typographe ni de date (*Culembourg, Jean Veldener, vers* 1484). In-4, goth. grand nombre de gravures typographiques, vél.

Première édition, de la plus grande rareté, exactement décrite par M. Campbell, n° 916. Très-bel exemplaire, mais sans le premier feuillet qui ne contient que les cinq mots du titre indiqués ci-dessus et la marque de Veldener.

674. **Heures.** Ces presentes heures a l'usaige de Romme furent acheuees XVII iour de Auril. Lan. M.CCCC. IIIIXX et XVII *pour Simon Vostre, libraire demeurãt a lenseigne sainct Jehan Leuangeliste.* (A la fin : *Acheues le* .XX. *iour de Mars Lan* M. CCCC. IIII. XX. ꝛ XVI, *pour Simon Vostre.* In-8, goth. bordure à chaque page, danse macabre, fig. en bois, veau gaufr. tr. dor. gaufr. (*Prem. reliure.*)

Exemplaire bien conservé. On lit sur chaque plat de la reliure l'inscription gaufrée en relief: Quis ascendit in montem domini, aut quis stabit in loco sancto eius innocens manibꝫ et mundo corde.

675. —— Heures nouvelles, dédiées à Monseigneur le Dauphin, écrites et gravées par Élisabeth Senault. *A Paris, chez l'autheur et chez Claude de Hansy, s. d.* In-16, mar. olive, large dent. tr. dor. (*Prem. reliure.*)

Jolie et fraîche reliure, genre Le Gascon.

676. **Histoire** amoureuse de France. *Amsterdam,* J. *van Dyck,* 1671. Pet. in-12, front. grav. parch.

Petite déchirure dans la marge des ff. J. 11. 12. L'exemplaire, qui a des taches de rousseur, est très-grand de marges (132 millim.). On peut en faire un beau livre.

677. —— des amours de Henry IV, avec diverses lettres escrites à ses maistresses et autres pièces curieuses. *Leyde, Jean Sambix,* 1663. Pet. in-12, 142 pages, 1 f. blanc et 46 pages vél.

Bel exemplaire en papier fort, 128 millim. Trois petits coins blancs de 2 ff. au milieu du volume ont été enlevés.

678. —— du petit Jehan de Saintré et de la dame des Belles-Cousines, extraite de la vieille chronique de ce nom, par M. de Tressan. *Paris*, 1796. In-12, pap. vél. fig. de Moreau, mar. r. fil. tr. dor.

679. **Holbein** (Hans). Historiarum Veteris Instrumenti icones ad vivum expressæ. *Antverpiæ, apud Joan. Steelsium*, 1540. Pet. in-4, 92 fig. en bois, cart.

Bel exemplaire. Le volume se compose de 48 ff. dont le dernier ne contient que la marque de Steelsius.

680. **Horatii** Opera. *Birmingham, typis J. Baskerville*, 1770. Gr. in-4, mar. rouge, fil. tr. dor. (*Rel. anc.*)

Avec deux figures, l'une d'après Greuze, l'autre avant la lettre.

681. **Hyginus**. Clarissimi viri Iginij Poeticon Astronomicon opus utilissimum, de Mundi et Spheræ ac vtriusqz partiũ declaratiõe. *Venetiis, Erardus Ratdolt*, 1482. In-4, goth. fig. en bois, vél.

Légère mouillure.

682. **Imbert**. Le Jugement de Pâris, poëme en IV chants, suivi d'œuvres mêlées. Nouvelle édition. *Amsterdam*, 1774. Gr. in-8, front. grav. 4 fig. d'après Moreau et 4 vign. par Chauffard, br.

683. **In laudem Hispaniæ**. (Fo. 3, recto :) In laudem Fernãdi : ꝑ Emanue || lis Hispaniæ regum... *S. l. et a.* (*Romæ, circa* 1505). Pet. in-4, 4 ff. car. ronds, cart.

Cette plaquette rarissime contient différents passages concernant l'Amérique ; on y lit entre autres : « Inventa tellus est nova, non auis audita nostris, nunc maria inuia Emigrata et nationes Vltimo in Oceano repertæ. » Elle a été imprimée sous le pontificat de Jules II.

684. **Instruction** des curez et des vicaires, pour faire le prosne. *Parisiis, apud Societatem typographicam*, 1614. Pet. in-8 de 30 pages et 1 f. blanc, non rel.

685. **Jansen**. Essai sur l'origine de la gravure en bois et en taille-douce, et sur la reconnaissance des estampes des xve et xvie siècles ; où il est parlé de l'origine des cartes à jouer et des cartes géographiques, suivi de recherches sur l'origine du papier, sur les filigranes, etc. *Paris*, 1808, 2 vol. in-8, 20 planches, demi-rel. bas.

686. **Jesu Christi** vita, juxta quatuor Euangelistarum enarrationes, artificio graphices perquàm eleganter picta, una cum totius Euangeliis et Epistolis. *Antverpiæ, ex officina Matthæi Crommii*, 1541. Pet. in-8, vél.

Volume très-rare, orné de 225 jolies gravures en bois, mi-page.

687. **Journy** (J. de). La Dîme de pénitence, poëme composé en 1288, par Jehan de Journy. Aus einer Handschrift des British Museums, herausgegeben von Dr. Hermann Breymann. *Stutgart, Literar. Verein*, 1874. Gr. in-8, br.

Tiré seulement pour les membres de la Société littéraire de Stuttgart.

688. **Laborde** (Léon de). Débuts de l'imprimerie à Mayence et à Bamberg, ou Description des lettres d'indulgence du pape Nicolas V, pro regno Cypri, imprimées en 1454. *Paris, Techener,* 1840. Gr. in-4, fig. et fac-sim. br.

Rare.

689. **Lactantii** (Firmiani) Institutionum adversus gentes libri septem. Floride iuventutis tempore. *Ludovicus Landus scripsit et complevit tertio nonas Aprilis* 1452. *Venetiis.* In-fol. 163 feuillets, bas. rouge. (*Rel. anc.*)

Manuscrit d'une belle écriture sur PEAU DE VÉLIN. La première page est entourée d'une bordure en or et couleurs, avec une petite miniature représ. Lactance. Le commencement de chaque livre est orné d'une initiale en or et en couleurs.

690. **La Fontaine.** Contes et nouvelles en vers. *Amsterdam,* 1762-2 vol. in-8, fig. et vignettes, portraits, maroq. rouge, fil. tr. dorée. (*Lortic.*)

Belles épreuves. Édition des fermiers généraux.

691. **Langius.** Joannis Langi Silesii, pro christianis contra Turcas elegia, in qua de Turcarum origine, rebus gestis, successis, tumultis, bellis multa commemorantur. *Viennæ, Jo. Singrenius,* 1539. In-4, 32 ff. cart. (*Un peu mouillé.*)

692. **Lavardin.** Histoire de Georges Castriot, surnommé Scanderbeh, roy d'Albanie. Contenant ses illustres faicts d'armes et mémorables victoires à l'encontre des Turcs. Recueillie, dressée et poursuivie jusques à la mort de Mahomet II, par Jacques de Lavardin, seigneur du Plessis. *A St-Gervais, Pierre de la Rovière,* 1604. In-8, xx ff. prél. dont le dernier blanc, 447 ff. chiffr. et 1 f. blanc, 47 pages chiffr. et 12 ff. non chiffr. pour la table, vél. à comp.

693. **Le Blanc** (Ch.). Manuel de l'amateur d'estampes, contenant un dictionnaire des graveurs de toutes les écoles. *Paris, Jannet,* 1854-57. 2 vol. et une livraison gr. in-8, monogr. grav. en bois, br.

Tout ce qui a paru. A.-Pencz.

694. **Léon.** Incipit liber Beati Leonis pape Sermonum Et Sermo ‖ primus de ordinacione sua sequitur. ‖ ( ) Audem domini loquatur os meum : et nomē ‖ sanctu..... (A la fin :) *per patris exitum uoluit intulisse. Jhesus Cristus Maria. S. l. et a.* In-fol. goth. 138 ff. à 37 ll. par page, sans chiffr. récl. ni sign. parch. (*Très-bel exemplaire.*)

Volume extrêmement rare, qui paraît avoir été imprimé vers 1470 dans les Pays-Bas. Campbell. Annales, n° 1104.

695. —— Leo Episcopus servus servorum... diebus novissimis cum generalissimum capitulum totius ordinis beati Francisci convocari ferissemus illudq. in domo de Arra celi de urbe dicti ordinis celebrari debere ordinauissemus pro unione universali fratrum predicatorum

sub uno capite reformato. (*Romæ*), 1517. In-4, goth. 6 ff. dont 2 bl., armes de Léon X au premier feuillet, cart.

Très-bel exemplaire, imprimé sur PEAU DE VÉLIN.

696. **Longi** Pastoralium, de Daphnide et Chloë, libri quatuor. Græce et latine. Editio nova, distincta XXIX figuris incisis a B. Audran juxt. delineat. ducis Aurelian. Philippi; et tabula ab A. Coypel delineata. Accedunt alia ornamenta, partim ab A. Cochin, partim a C. Eisen adornata, et a Simone Fokke in æs eleganter incisa. *Lutetiæ Paris.*, 1754. Pet. in-4, veau fauve, fil. tr. dor. (*Rel. anc.*)

Tiré à 125 exemplaires.

697. **Lubieniecius**. Historia Reformationis Poloniæ, in qua tum Reformatorum, tum Antitrinitariorum origo et progressus in Polonia et finitimis provinciis narrantur. Aut. Stanislao Lubieniccio, equite Polono. *Freistadii, apud Jo. Aconium*, 1685. In-8, veau marbr. fil. tr. dor.

Bel exemplaire relié sur brochure.

698. **Luther** (M.). Deudsch Catechismus. *Wittenberg, G. Rhaw*, 1530. In-4, avec 30 belles gravures en bois de l'école de Luc Cranach, vél. blanc.

Volume de la plus grande rareté. Bel exemplaire.

699. **Malthe** (François de). Traité des feux artificiels pour la guerre et pour la récréation. *Paris, Guillemot*, 1632. In-8, front. grav. et fig. en taille-douce, parch.

700. **Mannich** (Jo.). Sacra Emblemata LXXVI in quibus summa unius cujusque Evangelii rotunde adumbratur. *Nürnberg*, 1624. In-4, 76 planches grav. en taille-douce, par P. Isselburg, vél.

701. **Marsand**. I Manoscritti Italiani della regia biblioteca Parigina, descritti ed illustrati dal D. Antonio Marsand. *Parigi, Stamperia reale*, 1835. In-4, pap. vél. mar. vert, non rogné. (*Kölher.*)

702. **Masson**. Entier Discours des choses qui se sont passées en la reception de la Royne et mariage du Roy, par Papirius Masson, natif du Forestz. *Paris, Nicolas du Mont*, 1570. Pet. in-8, 24 ff. cart.

Petit volume fort rare. Bel exemplaire.

703. **Meduna**. Vita della gloriosa vergine Maria madre di Dio, con l'humanita del redentor del mondo Giesu. *In Vinegia, Gabriel Giolito*, 1574. In-4, 4 ff. prél. 154 pages et 1 f. pour le registre et la marque de Giolito, parch.

Volume orné de 50 belles gravures en bois.

704. **Meisner** (Dan.). Sciagraphia Cosmica. Das ist : Newes emblematisches Büchlein, darinen in VIII Centuriis die vornembsten Stält,

Vestung und Schlösser des ganzen Welt abgebildet. *Nürnberg, Paulus Fürsten Wittib*, 1678. 8 part. en 1 vol. in-4 obl. peau de tr. gaufr.

Très-bel exemplaire. L'ouvrage se compose de 800 vues des différentes parties du monde accompagnées d'emblèmes. Au bas de chaque planche se lisent des vers latins et des vers allemands.

705. **Mémoires** de la cour de France, pour les années 1688 et 1689, par Mme la comtesse de la Fayette. *Amsterdam, Fr. Bernard*. In-12, front. gr. bas.

Première édition. L'exemplaire est un peu mouillé, mais rempli de témoins.

706. **Mentagra** sive Tractatus de causis, et cura morbi Gallici, etc. Vuendeneli Hock de Brakenau exactissimis diligentia et studio comportatus. *Argentinæ, Schott*, 1514. — Pronosticatio in latino rara et prius non audita, etc. (a Joanne Lychtenberger explicata). (In fine :) « Explicit hæc pronosticatio, quæ durabit usque ad unum millesimum quingentesimum sexagesimum septimum. » *Impræssum* (sic) *Venetiis, s. a.* Gravures. — Regimen sanitatis, cum expositione Magistri Arnaldi de Villanova Casthellano noviter impressus. *Venetiis, per Bern. Venetum de Vitalibus, s. a.* (1507). — Mensa philosophica, quæ tractat de his quibus utimur in mensa, etc. *Impressus Venetiis, a Simone ex Luere*, 1514. — Ensemble 1 vol. in-4, rel. à ais de bois, dos de peau de truie estampé, dans un étui de mar. brun.

Beaux exemplaires. Le Prognosticatio, qui est orné de 45 belles gravures en bois au simple trait, a été acheté à Venise par un nommé P. Falik, le 2 juillet 1513.

707. **Mérian.** Topographia Galliæ, sive delineatio famosissimorum locorum in regno Galliæ (texte en allemand). *Francofurti*, 1655-61. 13 part. en 1 in-fol. fig. en taille-douce, cart.

Cette topographie de la France contient près de 1,000 plans, vues de villes, de châteaux, etc., du dix-septième siècle. Les deux grands plans et vues de Paris de 1620 et 1648 s'y trouvent. Bel exemplaire en papier collé.

708. —— Archontologia cosmica, sive imperiorum, regnorum, principatuum, rerumque publicarum omnium, per totum orbem terrarum commentarii luculentissimi. Opera et studio Jo. Ludov. Gotofredi. *Francofurti, sumptibus Matthæi Mariani*, 1649. 2 vol. in-fol. peau de truie gaufr. (*Aux armes.*)

Ouvrage rare, surtout en bon état comme notre exemplaire. Il est orné de plusieurs centaines de grandes planches, vues et plans des principales villes de l'univers.

709. **Molière.** Les Œuvres de Monsieur de Molière, enrichies de figures en taille-douce. *Paris, Thierry, Barbin et Trabouillet*, 1697. 8 vol. in-12, fig. veau.

Les volumes 7 et 8 sont datés de 1682.

710. **Monteregio.** Epytoma Joãnis de mõte regio in almagestum Ptolemæi. (A la fin :) Impensis non minimis : curaqz ꝛ emendatione non

mediocri virorum prestantiū Casparis Grossch : ꝛ Stephani Rœmer... *Arte impressionis mirifica Johannis hāman de Landoia, dictus hertzog: felicibus astris exemptum. In hemispherio Veneto : Anno salutis* 1496. In-fol. goth. fig. d'astron. cart.

Bel exemplaire. Ce splendide volume est orné au recto du feuillet A 3 d'une charmante gravure en bois de la grandeur de la page, représentant Ptolémée et Regiomontanus, et il contient plusieurs centaines de grandes et très-grandes initiales d'une riche composition.

711. **Murner.** Logica memorativa Chartiludium logice, sive totius dialectice memoria : et nouus Petrus hyspani textus emendatus : cum jucundo pictasmatis exercitio eruditi viri Thomæ Murner. *Argētine, industrius vir Ioānes cruninger impressit,* 1509. Caract. ronds, fig. en bois. — Chartiludiū Institute sūmarie doctore Thomæ Murner memorante et ludente. *Impressum Argentinæ,* 1518. Fig. en bois, caract. goth. 2 vol. en un, in-4, peau de truie.

Le titre du premier ouvrage a été reproduit par M. Pilinski.

712. **Musique.** Antiquæ musicæ auctores septem : Aristoxenes, Euclides, Nicomachus, Alypius, Gaudentius, Bacchius et Aristides, græce et latine. M. Meibomius restituit et notis explicavit. *Amstelodami, Elzevirii,* 1652. 2 part. 1 vol. in-4, vél.

Bel exemplaire.

713. —— Dizionario e bibliografia della musica del D. Pietro Lichtenthaler. *Milano, Ant. Fontana,* 1826. 4 vol. in-8, rel. en 3 vol. pap. vél. demi-rel. vél. non rogné.

714. —— Somma di tutte le scienze, nella quale si tratta delle sette arti liberali, di Aurelio Maritani. *Roma, B. Bonfadino,* 1587, in-4, fig. en bois, cart.

Les pages 72-98 contiennent le Traité de la musique. Quelques légères taches sur les marges.

715. —— Directorium Chori ad usum omnium Ecclesiarum, tam Cathedralium, quam Collegiatarum, super restitutum. Opera Joannis Guidetti. *Romæ, apud Franciscum Coattinum,* 1589. In-8, viij ff. prél. et 606 pages impr. en rouge et noir, vél.

716. —— Il Fagotto concertato alla melodia de gli stromenti del ballo, nella veglia notturna, di Girolamo Rossetti. *In Parigi, Ant. Alberti,* 1648. Pet. in-12, vél. blanc.

717. —— A Compendium or introduction to practical music, by Christopher Sympson. *London,* 1732. In-8, portr. by Faithhome et musique, cart.

718. —— Poésies de M. l'abbé l'Attaignant, contenant tout ce qui a paru de cet auteur sous le titre de pièces dérobées, avec les airs notés sur toutes les chansons. *Londres et Paris,* 1757, 4 vol. in-12, veau.

719. **Naogeorgus** (Th.). Regnum papisticum, opus lectu jucundum omnibus ueritatem amantibus : in quo Papa cnm suis membris, vita, fide, cultu, ritibus atq. ceremoniis describuntur. *S. l.*, 1553, *Mense Iunio*. Pet. in-8, vél.

Exemplaire avec les deux : *Sylva carminum*.

720. **Née de la Rochelle**. Recherches historiques et critiques sur l'établissement de l'art typographique en Espagne et en Portugal. *Paris, Merlin*, 1830. In-8, cart. non rogné.

Brochure devenue rare.

721. **Nicolaï** (Nicolo de). Le Navigationi et viaggi nella Turchia, trad. de Francesco Florio da Lilla. *In Anversa, appresso Guiglielmo Silvio*, 1576. Pet. in-4, avec 60 belles grav. en bois par Ahasv. Londerzéel, vél. blanc.

Quelques légères taches sur les marges.

722. **Notitia** utraque cum Orientis tum Occidentis, ultra Arcadii Honoriique Cæsarum tempora, illustre vetustatis monumentum. *Basileæ, Frobenius*, 1552. In-fol. fig. en bois, cart.

La planche du feuillet jj porte les lettres C. S. entrelacées, monogramme que M. Brulliot (Dictionnaire, vol. I, n° 1464) mentionne, mais n'explique pas.

723. **Obsequent** (Jules). Des Prodiges, plus trois liures de Polydore Vergile sur la mesme matière, traduis de latin en françois par George de la Bouthière, Autunois. *Lyon, Jan de Tournes*, 1555. Pet. in-8, fig. en bois, cart.

Quelques feuillets sont un peu courts de marge en tête.

724. **Onosander** ad Q. ueranum de optimo Imperatore cuiusq. officio p. Nicolaum sagundinum e greco in latinum traductus. Pet. in-4, 46 ff. rel. en bois, rec. de mar. gaufré. (*Première reliure.*)

Beau manuscrit du XVe siècle, *sur peau de vélin*, il est précédé d'un charmant dessin colorié, représentant les armes (une griffe ailée) du doge de Venise pour lequel le volume a été exécuté. On lit sur le premier feuillet de garde de la belle écriture de Grolier : PORTIO MEA DNE SIT IN TERRA VIVENTIUM; et au dernier : *Jo. Grolierij Lugdunensis et amicorum*; cette signature est répétée au recto du feuillet 46. On remarque sur les gardes également deux autographes, 12 lignes, de Jo. Arodeus. — La reliure du volume a besoin d'une restauration.

725. **Orazion** funebre bellissima fatta ne l'essequie del Christianissimo Re Francesco. Laquale, contenendo sotto breuità le imprese, gli esserciti e fatti d'arme, le rotte, le vittorie, le infelicità, le prosperità, la grandezza de l'animo, il buon consiglio, la giustizia, la benignità et la liberalità con tutte le altre virtù di quel Re. Transportata di francese in lingua italiana per M. Nicolo Britonio. *Roma, Antonio Blado*, 1549. In-8, 32 ff. cart.

726. **Ordonnance** du Roy sur les defēces de tenir escoles, principaultez, colleges : ny lire en quelque art : ou science que ce soit, en

public, privé ou en chambre, s'ilz ne sõt cõgneuz et approuuez estre de la Religion catholique et romaine. *Paris, Guillaume de Nyuerd,* (1570). Pet. in-8, 8 ff. dont le dernier ne contient qu'une gravure, cart.

727. **Ori** Apollinis Niliaci de sacris notis et sepulturis libri duo. *Parisiis, apud Jacobum Kerner,* 1551. Pet. in-8, nombreuses et jolies gravures en bois, veau fauve, fil. tr. dor.

Bel exemplaire. Papillon attribue le dessin de 194 figures à Jean Cousin.

728. **Palliot** (P.). Le Parlement de Bourgogne, son établissement et son progrès, avec les noms, surnoms, qualités, armes et blasons des présidents, chevaliers, advocats, etc. *Dijon, Pierre Palliot,* 1649. In-fol. blasons grav. en taille-douce, vél.

729. **Paradossi** cioe Sententie fuori del comun parere, nouellamente uenute in luce. Opera non men dotta che piaceuole, et in due parti separata. *In Vinegia* (*sans nom d'imprimeur*), 1544. Pet. in-8 de 166 ff. chiffr. et 2 ff. de table, mar. vert, tr. dor. (*Hardy-Mennil.*)

Ce livre singulier a été traduit en partie par Charles Estienne.

730. **Pascal.** Pensées de M. Pascal sur la religion et sur quelques autres sujets, qui ont esté trouvées après sa mort parmy ses papiers. *A Paris, Guillaume Desprez,* 1670. In-12, 41 ff. prél. 365 pages et 10 ff. de table, vél.

Le privilége est daté du 2 janvier 1670.

731. **Passional.** Inn Welchem in schönen Figuren zusammen gebracht sein die historien des lebens Jesu Christi. *München, Adam Berg,* 1572. In-4, 48 ff. dont le dernier blanc, bas. gaufr. (*Prem. reliure.*)

Avec 42 grandes gravures en bois qui portent presque toutes les monogrammes de Virgile Solis. Bel exemplaire.

732. **Peignot** (G.). Dictionnaire critique, littéraire et bibliographique des principaux livres condamnés au feu, précédé d'un discours sur ces sortes d'ouvrages. *Paris,* 1806. 2 vol. in-8, cart. dos de vél. non rogné.

733. —— Répertoire bibliographique universel, contenant la notice raisonnée des bibliographies spéciales. *Paris, Renouard,* 1812. In-8, rel. en veau.

734. —— Abrégé de l'histoire de France, par G. Peignot. — Précis chronologique et anecdotique du règne de Louis XVIII depuis le mois d'avril 1814 jusqu'au mois de novembre 1816. *Paris, Renouard,* 1819. 2 vol. en un, in-8, portraits, demi-rel. non rogné.

735. **Péréfixe** (Hardouin de). Histoire du roy Henry le Grand. *Paris, Edme Martin,* 1661. In-4, veau. (*Aux armes de Louis XIII.*)

La reliure est fatiguée. L'exemplaire est beau.

736. **Petit-Radel** (Fr.). Notice sur la Bibliothèque Mazarine, extrait des recherches sur les bibliothèques anciennes et modernes. *Paris, Rey et Gravier*, 1819. In-8, portr. et fig. cart.

737. **Petrarca** (Francesco). Triumphi, cum comm. Bernardi glicini. *Bononiæ, impressum M.CCCC.LXXVII. die xxvij mensis Aprilis.* In-fol. car. ronds, 243 ff. mar. bleu, fil. tr. dor. (*Padeloup.*)

Exemplaire la Vallière dans une belle et fraîche reliure. Le premier feuillet est encadré et les suivants ont sur les marges quelques notes d'une ancienne écriture.

738. —— Das Glückbuch, Beydes dess Gutten vñ Bösen. *Augsburg, H. Steyner*, 1539. 2 vol. en 1, in-fol. peau de tr. gaufr.

Le volume est orné de 239 belles gravures en bois d'après les dessins de Burgkmair, très-curieuses pour les costumes et mœurs de l'époque. Cinq ou six de ces figures ont été légèrement teintes de couleurs, et le volume a quelques légères mouillures.

739. **Petro da Luca.** Doctrina del ben morire. Composta per el R. P. Don Petro da Lucha. *Venetia, Simone de Luere*, 1515. In-4, car. ronds à 2 col. cart.

Volume rare, contenant 18 ff. dont le dernier blanc. Il est orné de 9 gravures en bois dont deux ont rapport à l'Ars moriendi. Petite piqûre dans la marge extérieure et légère mouillure.

740. **Pinder** (Udalr.). Speculum passionis domini nostri Ihesu Christi. *In Civitate Nurenbergen. impressum*, 1507. In-fol. car. ronds, mar. la Vall. plats ornés, tr. dor. (*Lortic.*)

Avec 40 gravures en bois de la grandeur des pages par Hans Scheufelein et 37 petites. Très-bel exemplaire à toutes marges, rempli de témoins et avec le dernier feuillet blanc.

741. **Plaisirs** (les) de l'amour, ou Recueil de contes, histoires et poëmes galans. *Chez Apollon, au Montparnasse*, 1782. 3 vol. en un, in-12, fig. demi-rel.

742. **Plinarium**, oder Ewangeli busch. *Basel, Adam petri von Langendorff*, 1576. In-fol goth. à 2 col. peau de tr. (*Légère mouillure.*)

Avec 7 gravures en bois de la grandeur des marges, qui portent le monogramme de H. Scheufelein et H. F. (Bulliot I. No 1880.) et de 130 plus petites dont quelques-unes portent celui de Orse Graf.

743. **Poetæ** tres egregii nunc primum in lucem editi : Gratii de venatione. Ovidii Nasonis halieuticon. Olympii Nemesiani cynegeticon. Calphurnii bucolica. Adriani card. venatio. *Venetiis, in ædibus hær. Aldi Manutii*, 1534. Pet. in-8, vél. blanc.

744. **Pontanus** (Isacius). Rerum et urbis Amstelodamensium historia. *Amstelodami, Jod. Hondius*, 1611. In-fol. fig. en taille-douce et cartes, demi-rel. (*Légères mouillures.*)

745. **Prechac.** L'Héroïne mousquetaire, ou Histoire véritable de mademoiselle Christine, comtesse de Meyrac. *Paris, chez Claude Barbin*, 1679. 4 part. 1 vol. pet. in-12, bas. (*Noms écrits à l'encre sur le titre.*)

746. **Privilegia**, gratiæ, favores, immunitates, exemptiones, et indulta canonicorum regularium S. Salvatoris, Ordinis S. Augustini cum a plurimus Pontificibus, tum vero a Julio secundo ante concessa, nunc etiam a Paulo eius nomine tertio confirmata, et innouata. *S. l.* (*Romæ, Bladus*), 1549. In-4, 39 pages, mar. brun, fil. tr. dor. (*Aux armes du pape Paul III.*)

Imprimé sur PEAU DE VÉLIN. Ce n'est pas le même exemplaire qui se trouve mentionné dans le Manuel de Brunet.

747. **Profetie** dell' abbate Gioacchino et di Anselmo vescovo di Marsico, con l'imagini in dissegno. Con due ruote, et oraculo turchesco, figurato sopra simil materia. *Padova*, 1625. In-4, vél.

Le volume est orné de 32 curieuses et grandes figures sur bois et d'un certain nombre de vignettes.

748. **Putanisme** (le) de Rome, ou le Conclave général des P*** de cette cour pour l'élection d'un nouveau pontife, traduction libre de l'italien. *A Cologne* (*à la Sphère*), *s. d.* (*vers* 1669). Pet. in-12, IV ff. prél. et 132 pages, veau ant.

126 millim.

749. **Regola** del nostro padre sanctissimo Benedecto. (A la fin :) *Die decimo mensis Maij. Anno...* 1502, *magno cum labore ac difficultate non minima, manu Fidelis nomine Monachi, indigne sacerdotis Sanctæ Mariæ Vallis Umbrosæ ordinis... Monialibus sancti Hieronymi confessoris, in divi Cœnobio Pancratii Florentie..... non mediocri diligentia exarata est. Tempore Domne Bartholomee abbatisse ejusdem Monasterii.* In-4, 40 ff. mar. olive, gaufr. à comp. tr. dor. (*Première reliure.*)

Très-beau manuscrit en rouge et noir sur PEAU DE VÉLIN, en caract. ronds. La première page est ornée d'une très-belle bordure en or et couleurs et de 3 miniatures d'une grande finesse, et la page 17 est entourée également d'une bordure et ornée d'une jolie miniature.

750. **Reiter.** Mortilogus F. Conradi Reitteri Nordlingensis Prioris monasterll Cæsariensis. (A la fin :) *Per Erhardum ōglin et Georgiū Nadler Augustiñ.*, 1508. In-4, caract. ronds, fig. sur bois, mar. bleu, fil. tr. dor. (*Köhler.*)

Les gravures dont le volume est orné ont en partie rapport à l'Ars moriendi. La première ode est précédée d'une gravure représentant la Sainte Vierge tenant sous son manteau le pape, l'empereur, le roi de France et un cardinal. Elle est intitulée : Carmen ad dominam nostram Mariam, *ut nos a gallico morbo intactos præseruet incolumes.* Bel exemplaire Cailhava.

751. **Relazione** del viaggio, e della presa citta di Bona in Barberia. Fatta per commessione del Ser. Granduca di Toscana, il di 16 di settembre, 1607, sotto il comando di Silvio Piccolomini. *In Firenze, nella Stamperia de Sermartelli*, 1607. In-4, 8 ff. cart. non rog.

752. **René.** Œuvres choisies du roi René, avec une biographie et des notices, par M. le comte de Quatrebarbes, et un grand nombre de dessins et ornements d'après les tableaux et manuscrits originaux,

par M. Hawke. *Paris*, 1849. 2 vol. en 1, gr. in-4, demi-rel. maroq. non rog. plats de toile.

Toutes les figures du livre de tournois du roi René y sont reproduites.

753. **Rhegius** (U.). Dialogus von der schonen predigt, die Christus von Jerusalem bis Emaus gethan. *Wittemberg, J. Klug*, 1539. — Luther. Der CX Psalm. *Wittemberg, N. Schirlentz*, 1539. Bord. grav. en bois au titre. — Ein Brieff D. Mart. Luther, wider die Sabbather. *Wittemberg, N. Schirlentz*, 1536. — Das Jhesus Nazarenus der ware Messias sey. Ein Sendbrieff Rabbi Samuelis von Israël. *Wittemberg, G. Rhaw*, 1536. In-4, veau gaufr. *Aux armes de Saxe*. (*Première reliure*.)

Belle et curieuse reliure, parsemée de figures en relief. Les fers qui ont servi pour gaufrer les plats sont en partie datés de 1526, et ont été vraisemblablement gravés d'après les dessins de Luc. Cranach. Exemplaire offert par Georges, prince d'Anhalt, à Jacques Steyrer.

754. **Richeome** (Louis). La Peinture spirituelle, ou l'Art d'admirer, aimer et louer Dieu en toutes ses œuvres et tirer de toutes profit salutaire. *Lyon, Pierre Rigaud*, 1611. In-8, front. grav. et 11 belles grav. en taille-douce. vél. dor. tr. dor. (*Première reliure*.)

Les pages 190 et suivantes contiennent trente-neuf martyrs religieux de la Compagnie de Jésus, massacrés par les hérétiques, quand ils les rencontrèrent allant au Brésil, l'an 1570, le 15 juillet (avec la figure). — Encore douze martyrs occis en allant au Brésil, etc. — Quelques taches de rousseur.

755. **Robinson** (Hugo). Annalium mundi universalium, origines rerum et progressus sacros juxta ac seculares, ab orbe condito tradentium. Jussu regio, ed. Th. Pierre. *Londini, typis Eliz. Flesher*, 1677. In-fol. mar. r. à comp. tr. dor. (*Anc. rel.*)

La reliure est aux armes de *Charles II, roi d'Angleterre*.

756. **Rodericus** Zamorensis. Speculum vite humane. *Impressum Parisius anno dñi* 1475, *per Martinum crantz. Vdalricũ gering. et Michaelem friburger*. In-fol. goth. bas.

Édition rare et précieuse parce qu'elle porte les noms des trois premiers imprimeurs parisiens. L'exemplaire a un raccommodage dans la marge du dernier feuillet de la table.

757. **Rosario** de la gloriosa virgine Maria. *Nella inclita citta de Venetia impresso per Vittor della Serena r. Compagn.*, 1541. Pet. in-8, goth. bordures, plan de 100 gravures en bois de la grandeur des pages, cart.

Bel exemplaire.

758. **Sacrobusto** (Joa. de). Sphericum opusculum. Jo. de monteregio, contra Crèmonensia in planetar. theoricas delymenta, etc. *Venitiis, Erhardus Ratdolt*, 1482. In-4, goth. fig. en bois, vél.

Quelques légères taches sur les marges.

759. **Salomon et Marcolphus.** Incipiunt collatiões quas || dicuntur fecisse mutuo rex Salomon sapientissimus et || Marcolphus facie deformis et turpissimus tamen vt || fertur eloquentissimus feliciter. || (A la fin :) Post hoc domum remeans quievit in pace. *S. l. et a.*, 1485. In-4, goth. 12 ff. à 30 et 31 ll. p. page, sign. a—biij, vél.

Édition non décrite. On remarque sur le titre une grande gravure en bois coloriée, représentant Salomon et Marcolphus, ce dernier sous la forme d'Ésope.

760. **Sallustius.** C. Salustii Crispi de Conivra-|| tione Catilinæ. *S. l. M.CCCC.LXX* (1470). In-fol. car. ronds, 55 ff. à 34 ll. par pages, sans chiffr. récl. ni signat. mar. bleu, large dent. tr. dor. (*Aux armes.*)

Édition très-rare et peut-être la princeps, imprimée vraisemblablement à Milan. Le Manuel de Brunet l'indique par erreur comme étant du format in-4. Bel exemplaire.

761. **Sambin.** Œuvre de la Diversité des termes dont on use en architecture, réduit en ordre par maistre Hugues Sambin, demeurant à Dijon. *A Lyon, par Jean Durant,* 1572. (A la fin :) *Imprimé à Lyon, par Jean Marcorelle.* In-fol. fig. en bois, mar. rouge, milieu de plat, tr. dor. (*Gruel.*)

Magnifique exemplaire avec témoins, et le dernier blanc.

762. **Sambucus.** Emblemata, cum aliquot nummis antiqui operis, Joannis Sambuci Tirnaviensis Pannonii. *Antverpiæ, ex officina Christophori Plantini,* 1564. In-8, maroq. rouge, fil. plats ornés, tr. dor. (*Lortic.*)

Bel exemplaire avec témoins de la première et très-rare édition. Le volume est orné de nombreuses et jolies gravures en bois par Jean Croissant et Ahasverus van Londerzeel ; elles sont entourées de bordures variées.

763. **Sangrinus** (Angelus). Speculum et exemplar christicolarum vita beatissimi Patris Benedicti. *Romæ, ex typogr. Barth. Bonfadini,* 1587. In-4, 52 gravures en taille-douce, de la grandeur des pages, cart.

Très-belles épreuves. L'exemplaire a vers la fin quelques petites piqûres dans la marge.

764. **Savonarola.** La Exposition del pater noster composta per || Frate Girolamo da Ferrara || (A la fin :) E questa operetta cioè, la Expositione del Pater || noster con una epistola a una deuota dona Bolo || gnese composte da frate Hieronymoda Ferrara || dell' ordine de' frati predicatori. || *S. l. n. d.* (*Florence, vers* 1495). In-4, car. ronds, 22 ff. avec 3 grandes et quelques petites gravures en bois, cart.

765. —— ℂ Operetta del amore di Jesu composta da || frate Hieronymo da Ferrara. || (A la fin :) La croce et il crucifixo || sien nel mio cor scolpito || et io sia sempre affixo || in gloria oue glie ito || o gran bonta || Finis. *S. l. n. d.* (*vers* 1495). In-4, car. ronds, 22 ff. avec 2 grav. en bois, cart.

Le titre est imprimé en car. gothiques. Au feuillet 21 commence : *Lauda composita da dicto frate Hieronymo della consolatione del crucifixo.*

766. **Solis.** Libellus scutorũ seu signorum publicorũ regnorum ac statuum sacri Romani Imperii, quæ singulari diligentia, cura et industria, imaginibus ac coloribus suis, expressit Virgilius Solis pictor ac civis Norimbergensis. (*A la fin :*) *Zu Nurmberg truskts Virgilius Solis* (1555), veau. (*Première reliure.*)

Volume très-rare, entièrement gravé en taille-douce. Il se compose de 3 titres dont 2 en allemand, de 2 pl. non chiffr., de 2 pl. chiffr., de 3 pl. chiffr., d'une pl. non chiffr., de 6 pl. chiffr., d'un nouveau titre, d'une pl. non chiffr., de 3 pl. chiffr., de 8 pl. chiffr., d'un nouveau titre, de 4 pl. non chiffr., de 5 pl. chiffr., de 3 pl. non chiffr., de 3 pl. chiffr., de 2 pl. non chiffr. et de 3 pp. de texte gravé. Les planches 2 et 3 des cardinaux et 1 et 2 des archevêques se trouvent en double dans le volume. L'exemplaire est bien conservé, il a quelques légères mouillures, et dans une dizaine de blasons on a légèrement indiqué les couleurs.

767. **Tacitus.** Annalium et historiarum libri. Libellus aureus de situ, moribus et populis Germaniæ, et dialogus de oratoribus claris. *S. l. et a.* (*Venetiis*), *Johannes, sive Vendelinus de Spira* (*circa* 1470). In-fol. maroq. rouge, plats ornés, tr. dor. (*Lortic.*)

Editio princeps. Magnifique exemplaire avec le 161e feuillet blanc ; il est tellement rempli de témoins que l'on peut l'appeler non rogné.

768. **Temple** (le) des Muses, orné de LX tableaux, où sont représentées les antiquités fabuleuses; dessinés et grav. par B. Picart. *Amsterdam, Châtelain*, 1733. Gr. in-fol. fig. maroq. rouge, fil. tr. dorée.

Bel exemplaire, en ancienne reliure française.

769. **Thibaud** (Émile). Considérations historiques et critiques sur les vitraux anciens et modernes et sur la peinture sur verre. *Clermont-Ferrand*, 1842. In-8, fig. chagr. rouge, fil.

770. **Valera** (Cyprien de). Dos tratados, el primero es del papa y de su autoridad, colegido de su vida y doctrina. El segundo es de la missa... Item, un Enxambre de los falsos Milagros con que Maria de la Visitacion, Priora de la Anunciada de Lisboa, engañó á muy muchos : y de como fue descubierta y condenada. *S. l. Londra, en casa de Ricardo del Campo. Año de* 1599. Pet. in-8, bas. fauve. (*Bel exemplaire.*)

Seconde édition, fort rare. Elle se compose de VIII ff. prél. de 610 pages et de 4 ff. pour la table et les errata. Entre les pages 352 et 355, 538 et 539, se trouvent deux grands tableaux pliés, qui manquaient dans l'exemplaire décrit dans le Manuel Brunet (vol. 2, col. 825).

771. **Vecellio** (Cesare). Habiti antichi di tutto il Mondo. Di nuovo accresciuti di molte figure. *In Venetia, appresso Gio. Bernardo Sessa*, 1598. 506 costumes grav. en bois, v.

Cette édition contient les costumes américains. Exemplaire bien conservé, ayant du reste quelques légères taches.

772. **Viennæ** Austriæ, urbis nobilissime, a sultano Soleymano immanissimo Turcar Tyranno immenso cum exercitu obsesse Historia.

Silvanus Ottmar excussit, Auguste Vindelicorum, 1530. In-4, 24 ff. dont le dernier blanc, cart.

773. **Villeneuve** (Villanova). Le Tresor des pouures se || lon maistre Arnoult de || Villenoue, maister Gerard de Sol || lo et plusieurs aultres docteurs || en medecine de Montpellier : (*A la fin* :) Cy finist le Tresor des pouures tresutile et puffitable pour || la sante du corps humain. *Imprimé à Lyon, p. Claude Nourry,* || *le* xxiii *iour doctobre mil cinq cens et* XII (1512). In-4 allongé, goth. iv ff. prél. et 110 ff. chiffr. titre impr. en rouge et noir, non rel.

Édition non citée, ornée de trois grandes et plusieurs petites gravures en bois ; celle qui se trouve au verso du titre paraît être la reproduction d'une miniature byzantine. Bel exemplaire. Les derniers feuillets du reste ont quelques petites piqûres.

774. **Virgilii** (Maronis) Opera. *Venetiis, insignita per Nicolaum Jenson Gallicum,* 1475. In-fol. car. ronds rel. en bois.

Édition rarissime, et bel exemplaire, malgré quelques légères taches, avec initiales et bordures peintes en or et couleurs, et conforme à la description que M. Brunet en donne. Deux feuillets, qui étaient en manuscrit de l'époque (et ajoutés au volume), ont été reproduits par M. Pilinski avec une exactitnde scrupuleuse sur l'exemplaire de la Bibliothèque nationale.

775. **Vivis** (Jo. Lod.). Underweysung ayner Christlichen Frauwen. *Augsburg, H. Steyner,* 1544. In-fol. cart.

Avec 24 belles gravures en bois dans le genre de Burgkmaier.

776. **Widekind** (Joh.). Thet Swenska i Ryszland. Tjo ahrs Krijgz-Historie, Hwiket vnder twanne Sweriges Stormachtige Konungars, Konung Carls IX, och. K. Gustaf Adolphs den Andres och Stoores Baneer, Storfursten Ivan Vasilivitz Suischi, och Ryszland til hielp; forst emoot the Rebellers och Lithower, sedan the Paler, pa sidstonne emoot sielf Mustowiterne, ifrän ähr 1607. In til 1617. Aff. Jacob de La Gardie uthfordt. *Stockholm, Nicolas Wankyff,* 1671. In-4, front. grav. XII ff. prél. 947 pages, 5 ff. non chiffr. et une grande planche pliée représ. le siége de Novgorod en 1611, vél.

777. **Xamarro** (J. B.). Conocimiento de las diez aves menores de jaula, su canto, enfermedad, cura y cria. *Madrid, en la imprenta real,* 1604. Pet. in-4, VI ff. prél. 50 pages et 1 f. de table, fig. en bois, cart.

EN VENTE :

CHEZ AD. LABITTE, LIBRAIRE DE LA BIBLIOTHÈQUE NATIONALE

4, RUE DE LILLE, PARIS.

CHOIX de peintures de Pompéi, lithographiées en couleur par M. Roux et accompagnées d'une explication par Raoul-Rochette. *Paris, Adolphe Labitte,* 1867. Un fort volume in-fol. comprenant 321 pages de texte et 28 planches en couleur.

Ouvrage complet. Première partie : *Amours des Dieux.* — Deuxième partie : *Temps héroïques.*

Exemplaire en sept livraisons in-fol. 80 fr.

Exemplaire relié en demi-reliure, dos de mar. du Levant, tr. sup. dorée. 100 fr.

COLLECTION de poésies, romans, chroniques, etc., publiés d'après d'anciens manuscrits et d'après des éditions des quinzième et seizième siècles. *Paris, Silvestre,* 1838-58, 25 vol. in-16, *caract. gothiques, fig. sur bois.* 120 fr.

D'ORLÉANS (Charles). Poésies, publiées sur le manuscrit de la bibliothèque de Grenoble, par Champollion-Figeac. *Paris,* 1842, in-8, br. 6 fr.

Exemplaire en grand papier.

DU BELLAY (J.). La Deffence et illustration de la langue françoyse, précédée d'un discours sur le bon usage de la langue française, par Paul Ackermann. *Paris, Crozet,* 1839, in-8, br. 2 fr.

DUPLESSIS. Bibliographie parémiologique. *Paris, Potier,* 1847, in-8, br. 10 fr.

Études bibliographiques sur les ouvrages relatifs aux proverbes dans toutes les langues.

GARCIN DE TASSY. Histoire de la littérature hindouie et hindoustanie, 2e édition, très-augmentée. *Paris*, 1870, 3 vol. in-8, br. 36 fr.

—— Mémoire sur les particularités de la religion musulmane dans l'Inde. *Paris*, 1869 (2e édition), in-8, br. 3 fr.

LABITTE (Charles). Études littéraires, avec une notice par Sainte-Beuve. *Paris, Durand, s. d.*, 2 vol. in-8, br. 7 fr.

—— De la Démocratie chez les prédicateurs de la Ligue. *Paris*, 1866, in-8, br. 4 fr.

LABORDE (Léon de). Le Parthénon, documents pour servir à une restauration. *Paris, s. d.*, in-fol. fig. 100 fr.

Six livraisons, seules publiées. Tirées à petit nombre.

—— Commentaires géographiques sur l'Exode et les Nombres. *Paris*, 1841, in-fol. br. 20 fr.

—— Recherches sur la Magie égyptienne. *Paris, Renouard*, 1841, in-4, br. 7 fr.

Tiré à 25 exemplaires.

—— Documents inédits sur l'histoire et les antiquités d'Athènes. *Paris*, 1854, in-8, br. fig. 6 fr.

—— Les Archives de France. *Paris, Renouard*, 1867, in-12, br. 3 fr.

—— Glossaire français du moyen âge, à l'usage de l'archéologue et de l'amateur des arts. *Paris*, in-12, br. 4 fr.

Cet ouvrage est rempli de citations des anciens textes français.

MARQUES typographiques des libraires et imprimeurs français depuis l'origine de l'imprimerie jusqu'en 1600, 16 livraisons gr. in-8, 1,310 fig. sur bois. 64 fr.

Les livraisons 8 à 16 se vendent séparément, chacune 4 fr.

RAOUL-ROCHETTE. Mémoires de numismatique et d'antiquité. *Paris, Impr. roy.*, 1840, in-4, br. *Planches.* 6 fr.

Voyez Choix de peintures de Pompéi.

ROSSIGNOL. Les Métaux dans l'antiquité. *Paris*, 1863, in-8, br. 5 fr.

TABLES des prix de vente et des noms d'auteurs des bibliothèques J.-C. Brunet, Potier, baron P***, Ruggieri. In-8, br. chaque : 2 fr. 50

www.ingramcontent.com/pod-product-compliance
Ingram Content Group UK Ltd.
Pitfield, Milton Keynes, MK11 3LW, UK
UKHW020341180726
13839UKWH00002B/841